子どもの心をわしづかみにする
「教科としての道徳授業」の創り方

向山洋一　監修
河田孝文　著

学芸を未来に伝える
学芸みらい社
GAKUGEI MIRAISHA

まえがき

道徳の教科化がいよいよ現実化してきた。

「政府が推進する『道徳の教科化』について、文部科学省の検討案が17日、判明した。来年度は、現在使われている副教材を同省が全面改定し『教材』として利用。文科相の諮問機関『中央教育審議会』での議論を経て、15年度以降は、民間が参入した検定教科書作成、学校で使用できるようにする方針だ。」（毎日新聞２０１３年4月18日）

次期学習指導要領を待たずに前倒し実施である。

道徳教科化に賛成である。

社会生活には、「ルール」と「マナー」という行動指針がある。

「ルール」とは、社会に参加する大多数の人々が健全に生活するために決められた基準である。

「物を盗んではいけない」「順番を守る」などである。

「ルール」は、社会生活の厳守事項である。

「マナー」とは、行動のお手本である。

「あいさつをする」「くつをそろえる」「困っている人を助ける」などである。

「ルール」ほど強制力はない。

実行すれば、関わった人が心地よくなる。

守らなくても、罰せられることはない。

しかし、守らなければ、批判・非難を受けることはある。

社会生活をする以上、ルールは守らなければならない。

社会のルールを具体的に教える教科はない。

ルールを教え守らせる教育を道徳教育は担うべきである。

また、人として社会生活を送る上でのマナーも、子ども達にきちんとした形で教えるべきである。

数十年前までは、このような教育内容を子ども達に教える役目を地域や家庭が担っていた。

今はない。

それを憂うだけでは、現状打破はできない。

地域・家庭の教育機能を学校が復活させるべきである。

学校で教科として授業がはじまれば、家庭は注目せざるを得ない。

成績がつくからである。

学校での教科化が、家庭の徳育復活を促す可能性もある。

教科になれば、当然そこには評価が伴う。

道徳教育教科化の反対者の最大の理由は、評価への嫌悪である。

しかし、徳育の評価はそんなに悪いことなのか。

具体的な生活場面を提示し、そこでの人物の行動がルールという視点で○か×か問うのは当然である。

マナーとしてどうすべきかを問うことは少しもおかしなことではない。

現代社会の規範意識が低下している。

規範を教えてきた地域や家庭がその機能を失いつつある。

日本人の規範教育は危機的状況である。

日本人の規範意識崩壊にどこが歯止めをかけるのか。

学校教育しかない。

学校教育は、これまでも道徳教育を推し進めてきた。
効果はあったか？
否。
ここ数年の成人式報道が学校教育への評価である。
道徳教育で規範をきちんと教えられた子があのような振る舞いをするか？
道徳教育は、規範教育をなし得なかったのである。
全体的に見て。
もちろん、大多数の学級では、しかるべき規範教育がなされてきた。
多くの学級では、社会的に逸脱した行為をする子はいない。
しかし、少数の学級では踏み外した行為に及ぶ子どもがいる（その数は増えている）。
これは、何を意味するのか。
学校現場での道徳教育の成否は、担任の教育力に左右されるということである。
もちろんこれは、国語や算数の教科教育にもいえることである。
しかし、国語や算数は、教えるべき内容が明確に決められている。
ほぼその学年で学習すべき内容は最低限クリアーして次学年にあがっていく。
道徳教育にこれはない。
「なんとなく教えた」という実感しかない。
教える内容を明確にし全体で取り組めば、成果はでる。
そのためには、道徳教科化は必然である。
本書では、道徳教科化に向けたいくつかの提案をしている。

道徳授業づくりのノウハウ、カリキュラム作成の視点、従来型道徳授業の検討と批判、授業実践例等々。

これから急展開する教科化準備のたたき台になれば幸いである。

なお本書の完成において、学芸みらい社の青木誠一郎氏には、多大なご支援をいただいた。

この場を借りて、心よりお礼申し上げる。

２０１３年６月18日

河田孝文

目次

第1章

新しい道徳授業を創ろう
TOSS 道徳はココが違う

一　新しい道徳授業を創ろう

(1)　TOSS道徳の時代がやってくる

現行学習指導要領では、学力向上が最重要視されている。
「基礎・基本」の「習得」と「活用」という明確な方針が打ち出されている。
授業は、これにそって実施されなければならない。
基礎・基本となる学習内容はどれか。
習得させる場面（時間）はどこか。
活用させる場面（時間）はどこか。
これらを何によって確認するのか。
授業者は、これらの問いに明確に答えられなければならない。
学習内容も目的もあいまいな活動は、認められない。
学習指導要領で学力向上と同じくらい重視されているのが、道徳教育の充実である。
こちらの方針も明確である。

⑶特に低学年ではあいさつなどの基本的な生活習慣、社会生活上のきまりを身に付け、善悪を判断し、人間としてしてはならないことをしないこと（以下略）

「小学校学習指導要領」平成20年3月告示より

「基本的な生活習慣」「社会生活上のきまり」を「身に付け」、「善悪を判断し」「人間としてしてはならないことをしない」ようにさせなければならないのである。

表現上の違いはあれ、学力向上と方針は同じである。

「基本的な生活習慣」「社会生活上のきまり」／基礎・基本

「身に付け」／習得

「善悪を判断し」「人間としてしてはならないことをしない」／活用

道徳も教えるべきことは「教えて」「考えさせる」ということである。

さらに驚くべきは、道徳授業の位置づけである。

学校における道徳教育は、道徳の時間を要として（以下略）

「小学校学習指導要領」平成20年3月告示より

前学習指導要領は、「道徳の時間をはじめとして」である。

「はじめ」→「要（かなめ）」に変更されている。

要／物事の最も大切な点や事柄、また人物。要点。（三省堂「大辞林　第二版」）

道徳の時間は、道徳教育の核として、これまで以上に重視されることになる。

当然、授業は、新学習指導要領の方針に沿わなければならない。

教えるべきことは教えて、考えさせる授業でなくてはならない。

現在、全国には、いわゆる文部省型道徳が普及している。

文部省型道徳とは、「経験を想起し」「資料を読んで」「気持ちを考え」「話し合い（劇をし）」「教師の説話を聞いて」終わる組み立ての授業である。

ほとんどの教師は、文部省型道徳に疑問を持たない。

道徳授業の究極の姿、最終形態と認識している。

この組み立ての道徳授業しか認めない専門家もいる。

現行の指導要領には、「多様な指導の工夫」「魅力的教材の開発」が示されているのにである。


しかし、これからの道徳授業は、大転換が図られるはずである。

文部省型道徳授業は、新学習指導要領の方針に全く沿っていないからである。

道徳授業を要とし、教えて考えさせるという基本方針でつくられなければならない。

気持ちを考え説話を聞いて終わる曖昧模糊とした授業は消えざるを得ない。

代わりとなる授業はあるのか？

ある。

ＴＯＳＳ道徳教育研究会（以下ＴＯＳＳ道徳）の授業である。

今から十年以上前に立ちあがったＴＯＳＳ道徳には、新学習指導要領で強調されている方針を全て主張してきた。

「生き方の原則」「ライフスキル」「ルール」「社会のルールを教える」「教えるべきことは断固として教える」と明

確な方針を示した。

また、「力のある教材」で「力のある授業」を創るという授業づくりの指針も提示した。

私は、ＴＯＳＳ道徳の代表として、ＴＯＳＳ道徳の主張を授業を通して全国に発信してきた。

賛同者はわずかだった。

ほとんどの教師は、批判的だった。

「そんなのは道徳授業ではない」「古臭い」「子ども同士の心の交流がないではないか」

逆風の中を進んできた。

しかし、子どもの事実はあった。

授業を離れたところで、「弱い者いじめは脳を攻撃している」「ぼくも人に役立つことがしたい」「はきものをそろえたよ」

腹の底からの実感もあった。

授業参観では、参観した保護者が涙を流した。

「感動しました」「大切なことを教えていただきました」など、保護者から感謝の手紙をたくさんもらった。

もちろん見ている人は見ていた。

ＴＯＳＳ道徳の授業の賛同者は、教師の中にも少しずつ、確実に増えていった。

現在、全国の多くの教室でＴＯＳＳ道徳の授業が実践され、創り出されている。

新学習指導要領は、「基本的な生活習慣」「社会生活のきまり」「善悪の判断」「ならぬはならぬ」が基本方針として掲げられた。

二十年前にＴＯＳＳ道徳が主張したことに、ようやく時代が追いついてくれた。

本書には、私が発信してきたＴＯＳＳ道徳の主張と授業が収められている。
全て教室、セミナーなどで何度も授業されている。
多くの教師によって追試され、効果を確認されてきた。
多くの子ども、教師によってやすりをかけられた授業ばかりである。

新学習指導要領の方針と大きくリンクした道徳授業を全国に問いたい。
その効果を確かめていただきたい。
授業する中から、疑問点・修正点も生まれるだろう。
そこから出発して新しい道徳授業が登場するかもしれない。

日本の子ども達に本当に必要で、心をわしづかみにする道徳授業がたくさん生まれてほしい。
また「道徳」は、教科化が確実である。本書は教科として、子どもの生きる力を育てる道徳授業の提案でもある。

（２）ＴＯＳＳ道徳との出会い

教師になって二十年間、ＴＯＳＳ道徳の授業をつくり続けている。
私の道徳授業づくりは、文部省型道徳授業を乗り越えるところからスタートした。
私が新卒で就いた学校は、文部省（当時）指定の道徳教育研究校だった。
多くの資料、教具、指導案がどっさりあった。
研究授業も山ほど見た。

まっさらの状態で文部省指定の道徳教育研究校にどっぷりつかったのである。

道徳授業は、文部省型が理想だと信じて疑わなかった。

ひな鳥の刷り込み現象である。

初任研で道徳の研究会があれば、学校で聞きかじったことを主張した。

「資料の登場人物の気持ちに子ども達を同化させるべき」

「道徳授業は、教えてはいけない、あたためるのだ」

「心情曲線を使って、資料の人物の気持ちの変化に気づかせるべき」

意味不明。

目的不明。

意図不明。

このようなことを理解も納得もせずに信じていたわけだ。

もちろん、自分自身も道徳授業をした。

しかしである。

学校の研究の通り授業をやっても手ごたえはない。

子どもも変わらない。

「こんな道徳授業やって意味あるの？」

なんてことを考えるようになった。

もちろん自分の授業力は棚上げで。


幸運だったのは、私の性格がいいかげんだったことだ。

意味を感じられない、効果も期待できない、評定も必要ないのだから、授業をする必然性はない。

自然と道徳授業をやらなくなった。

困ることは何もなかった。


しばらくして、向山洋一氏のＴＯＳＳ道徳に出会う。

向山氏の思想を聞き、授業を見て心が震えた。

自分がこれまで教えられてきた道徳授業と全く違う。

これならば、やる価値がある。

いや、子ども達に教えなければならない。

腹の底からの実感である。


ここから私の道徳授業づくりがスタートする。

しかし、簡単ではなかった。

当時、日本には文部省型しか道徳授業スタイルはなかった。

新しい道徳授業スタイルをつくるのは、容易ではない。

文部省型を否定はしてみても、それを超える授業の型はできない。

何もないところから授業の型をつくりだす。

途中、向山氏からアドバイスをいただいた。

道徳授業の型を最低三十はつくりなさい。

「はい」と返事はしたが、心の中では愕然としていた。

たった一つの型さえつくりだすこともできていない状態だったのだから。

ずっと混沌とした時間が流れた。

何百回も試行錯誤を繰り返した。

やがて、少しずつ道徳授業はできていった。

しかし、そのほとんどは、子どもの心をつかむことはなかった。

また、多くの批判にもさらされた。

創っては崩し、創っては崩す作業が繰り返された。


試行錯誤の連続だが、道徳授業づくりという作業は楽しかった。

多くの資料に出会い、感動し、授業を受ける子どもを思い浮かべる。

失敗の連続を経て、道徳授業の回路が脳にできた。

回路には、多くの資料と組み立てと道徳授業のコードが入っている。

おかげで、今では、資料は探さなくても飛び込んでくるようになった。

それらをどのように使うか、どのように組み立てるかを無意識にやっている自分がいる。


道徳授業づくりは、楽しい。

力のある資料に出会うと、自分自身が感動する。

また、それをどのように子どもに伝えるか、考えるだけでわくわくする。

力のある道徳授業は、たった一時間で子どもを変えることができる。

二　これがTOSS道徳だ

（1）実在の人物の生き様が子どもの心に届く

子どもの心に響く資料

数年前、ある先生から手紙をもらった。

「工業高校で、理科教師をしています。男子が九割以上の学校です。一般的な工業高校のイメージ通りで、荒れています。私の理科授業は、誰も聞いていません。ほとんどの生徒が他のことをしています。どの学級にもボスがいて、一番後ろで机に脚を上げふんぞり返っています」

五十分間、生徒の前に立ち続けるだけで、ものすごいエネルギーを消費する環境である。

「私の授業を全く受けない生徒たちに、先生の道徳授業をしたいのです。資料を貸していただけないでしょうか」

この先生が希望した私の授業とは、「クラッシュ」である。

「日本のトップレーサーだった太田哲也氏が、レース中、大事故に遭遇し、瀕死の状態となる。全身に大やけどを負い、体の機能の多くを失う。その太田氏が、絶望の淵から立ち上がり、這い上がり、自らの人生で復活する」という実話である。

太田氏の自伝『クラッシュ』（幻冬舎）から、エピソードを抽出し再構成して道徳資料を作成した。さらに、太田氏の映像を編集し授業コンテンツを作った。

セミナー公開の模擬授業を見たこの工業高校の先生が、授業コンテンツを希望してきた。

事情をメールで聴いて、私は、コンテンツをこの先生に送った。

数日後、その報告が来た。

「『クラッシュ』の授業をしました。私の言うことなど全く聞かなかった生徒が、この授業には真剣になりました。後ろでふんぞり返っていたやんちゃ達は、授業が進むにつれて、体が起き上がり、終盤では前のめりになりました。一番うれしかったのは、授業が終わって、ボスが私のところへやってきたことです。彼は、私の目の前まで来て『今日の授業よかったよ』と言って席に戻っていきました。先生、本当にありがとうございました」

文面から興奮が伝わってくる。読んでいる私も興奮した。

なぜ、この道徳授業がささくれ立った生徒の心に響いたのか。

一番は、実話だからである。実在の人物の生き様だからだ。

子ども達が憧れるような人物がさまざまな困難と向き合い乗り越えていくさまは、多くの人の心を揺り動かす。実在の人物の生き様は、道徳資料に最も必要な条件である。

子どもの心に響く。工業高校での事実がそれを証明している。

道徳授業は、行動を教える時間だ

道徳授業は、脳に規範という回路を作ることを促している。

例えば、私は、幼少時代、母親から次のことを折に触れ聞かされてきた。

「はきものは、家の顔なんよ。よその家に行ったとき、一番初めに見るのは玄関のはきものでしょ。はきものがそろってない家は、住んでいる人もそろってないように見えるんよ」

何度も何度も聞かされて刷り込まれた。そのたびに、教えられた。

「かかとのところをきちんと手で持ってそろえなさい。くつのかかとをこっちに向ける。あとで履きやすいように」

もちろん、このあとも、実際にやらされた。やったあとは、必ずほめられた。何度も何度も言われ、やらされると、「はきものがそろっていないと気持ち悪い」状態になった。

私は、自分の家だけでなく、どこに行ってもそろっていない履物に無意識に手が伸びるようになった。

私の脳に「はきものをそろえる」という回路ができたのだ。

（2）子ども達に「ライフスキル」を教えよう

週一回の道徳授業――今の道徳教育の問題点

道徳教育は学校教育にとっても家庭教育にとっても必要である。しかし、学校の中の道徳教育は機能していない。

機能しているのなら、社会現象になるほどの子ども達の問題はそれほど起きないはずだ。これは、私達の責任である。

ＴＯＳＳ道徳は、これまでに五十冊近くの道徳教育に関する本を出版し、全国各地で道徳教育の模擬授業を紹介している。

授業だけで子どもの生き方・意識を変えられるかといえば、自信がない。道徳的心情や道徳的判断力は身につくかもしれないが、道徳的実践力は困難だと感じている。

文科省も教育委員会も道徳授業に力を入れなさいと通達はするが、現場の教師は、道徳授業だけでは子どもの行動力や生き方が変わるには時間が足りないと感じている。

授業にも問題がある。

一般的な道徳授業は、相変わらず、登場人物の気持ちを考えさせ、どうしたら良いかを話し合わせて感想を書かせて終わる。

ＴＯＳＳ代表向山洋一氏は「ライフスキル（生きるすべ）」を教える指導法を提案した。

例えば、「いじめ」を乗りこえるには、どうすればいいのか、人とより良い人間関係を築くにはどのようなことをしたらいいのか、場面ごとに人間としてどういう生き方をすればいいのかという生きる術を教える新しい教育の分野である。

道徳教育どこが問題か

私達の子ども時代には、地域や家庭に教育力があった。

それらの機能がだんだんとなくなってきている。

私達は親や地域の人達から教えられ、叱られながら成長してきた。

今の子ども達には「ライフスキル」を教えてくれるところがなくなった。

地域や家庭になくなった機能を学校に期待されるようになった。

しかし、学校教育には、それを教える場面がない。

道徳授業でそれらを担っていくのであれば、これまでの道徳授業では足りない。

たとえば、「人の役に立つことをするのが大切です」と教え、できるようにさせるためには、週一時間では困難である。

大切な内容は、何回も授業していくことで、子ども達の心の底に蓄積していくしかない。

日本人の気概を教える

私達の世代は、「日本人は戦争で悪いことをした」ということを学校の授業で教えられて育った。そのため、私たちは、日本人は戦争の時に悪いことをしてきたとずっと思っていた。

やがて教員になり、TOSSに出会い今までの価値観が大きく変わった。

「日本は、なんて素晴らしい国なんだ！」と。

この感動と感激を子ども達にも絶対伝えたい。

自分達の国の悪いことばかりを言われ続けて育った子ども達が、将来、国際舞台で自分達の国をいい国だと胸を張ることはできないだろう。

日本の国はすばらしい、日本に生まれてよかったと思える子ども達を育てるのが、私達教師の務めである。

そこで、日本人の気概をテーマに、日本にはこんなすばらしい史実があり、人物がいたことを子ども達に教えていくという分野もＴＯＳＳ道徳から生まれた。

「人に役立つ」教育をする

ＴＯＳＳは、ジュニアボランティア教育というものを提案した（機関誌「ジュニアボランティア教育」甲本卓司編集長）。

福祉を中心にして人に役立つことを学習しようと、年間三時間は道徳授業の一部としてやってきた。

子ども達を老人ホームやデイサービスなどに連れて行って、お年寄りと遊ばせるだけで子ども達の気持ちが変わっていくのを見て、体験が子ども達にいい影響を与えているのだと思った。

これまでに「車いす授業」「手話授業」「アイマスク授業」などをやってきたが、今では全国各地で行われるようになった。

道徳の授業で体験や資料を基に、子ども達にこういう生き方が大事だと話すと、研究指定校などからバッシングがある。「それは道徳の授業ではなくて、学級指導だ」と。

結論を言うのではなくて、子どもの心に温めておくのが道徳の授業だと言われたこともある。

しかし、私達の道徳の授業では、これまでも子ども達にきちんと結論を伝えて成果をあげてきた。

今では学習指導要領に、善悪の判断をきちんと教えるようにと、書いてある。

時代がようやくＴＯＳＳ道徳においついてきたのだ。

道徳教育の教科化について

道徳教育の教科化は必ずしも間違いではない。しかし現場の多くの教師は反対している。

「心を評価するのは間違っている」というのが大半の理由のようだ。それに異議を唱えたい。

確かに心は評価できない。しかし、生き方や行動なら良いか悪いか判断できる。

人の物を盗むのは良いか悪いかといえば、悪いに決まっている。わかりきったことをきちんと教えていくことが、道徳教育には重要である。

望ましい行動、生き方という基準から、子ども達の判断力を評価するのは少しも悪いことではない。

ルールとマナーの指導強化を

道徳授業では、これまでルールやマナー・モラルを教えることが圧倒的に少なかったといえる。

たとえば、「赤信号では渡ってはいけません」というのはルールである。

しかし、そのルールを守るかどうかはその人のモラルの問題である。

子ども達にはルールを教えた上で、自分でどう判断し、実践していくかというモラルやマナーも教えなければならない。

今後も、ルールやマナーなどについて体験談や資料を数多く集め、一つの単元として作っていきたい。

指導できるベテラン教師不足

教育学部最大の問題点は、学ぶ期間ではない。

指導者の問題である。

ほとんどの大学教授は、授業術を身につけていない。

したがって、教師の卵である大学生に、教え方を教えることができない。

医学部教授は、医療技術をやってみせて教える。

教育学部教授は、教育技術をやってみせることができないのだ。

車の運転ができない自動車教習所の先生に教えられた教習生が運転技術を身につけられるか？

大学を六年制にするより、四年制のままでインターン期間を設けた方がよほどいい。

指導できる現場のベテランの教師の下でしっかり研修をつむべきだ。

もっとも、全ての学校現場に教育技術を指導できる教師がいるかどうかはわからないが。

教員の免許更新制度は悪くない

教員免許更新制度が廃止の方向で検討されている。

制度自体の思想や取り組みは悪くない。

大学などいろいろなところに研修に行って、教え方について自分たちで技を磨くことはすばらしいことだ。

問題は、教育学部同様教える側だ。

教える側の技量がない。

大学で行われる免許更新の講座は、大学時代の講義とほとんど変わらないという調査結果が出ている。

お金もかかり順番待ちで苦労してやっと受講できた講義が、大学当時の講義とあまり変わらないのでは、意味が

ない。

何のための免許更新か。

道徳に限らず、教える側は、「術」や「技」を身につけるべきだ。
安定した授業技量が備わっていれば、そこから自信も生まれる。
自信に支えられた授業は、子どもを動かし、子どもを変える。
そのためには、目利きに授業を見てもらい、練習を積むしかない。
それ以外上達の近道はない。

三　TOSS道徳の視点から現代道徳授業を眺める

（1）道徳の時間の板書はどうあるべきか

授業の常識「めあて」板書

授業について次の常識がある。

> 「めあて」を板書する

授業のはじめに、その時間のめあてを板書し、子どもと一緒に確認するのだそうだ。各学校に義務づけている県教委もあると聞く。県教委からの指示なので、校長も徹底する。板書をしないと、授業後に指導を受けるという話

も聞いた。そして、授業終末には「まとめ」を板書する。「めあて」が達成されたかどうかの確認をするためだそうだ。

だから、次の常識がある。

「板書は構造的に書く」

「めあて」があり、途中経過が黒板にきれいに並んでいく。そして、最後に「まとめ」で締めくくる。ほとんどの新卒教師は、次の指導を受けたはずだ。

「よい板書は、一時間の流れがわかる」

これは、必要か？

そもそも誰のためか？

子どものためか？

どう考えても教師のためだ。

授業者は、完成した板書を見て、満足する。「きれいに書けた」と。「授業をきれいに流せた」とも。参観者は、納得する。「こういう流れなのか」と。授業参観に来た校長から新卒教師がほめられる。「きれいな板書でした」と。

構造的な板書という配慮は、参観教師にとっては価値がある。

しかし、肝心の子どもにとってはどうなのか？　子どもの学習活動にとって、有用なのか。

あまり意味がない。

ほとんどの子は、目の前の課題を解決するのに必死である。

子どもにとっては、できたかどうか、わかったかどうかが重要なのである。全体の流れを考えながら授業を受ける子なんて、いない。子どもは、ラインで授業を受けない。ポイントで受けているのだ。授業とは、子どものためにある。子どもの学力を上げるためにある。板書もそのために活用されなければならない。もちろん、黒板は、授

業の重要アイテムである。しっかり活用されなければならない。

もちろん、私も活用している。

私の板書は、構造的ではない。

ど真ん中から書きはじめ、不要になったら消してしまう。それでも、子どもはできるようになる。わかるようになる。黒板ぎっしりに子どもの板書が並ぶこともある。

構造的な板書は、子どもの学力向上に有用なのか。

検証してみる必要がある。

黒板は、どこの教室にもある。

授業の超必須アイテムの活用法についての研究が必要だろう。

道徳授業の板書

飛び込みで道徳授業をする。道徳授業を公開する。立場上、このような機会がたくさんある。

後の協議会で必ず話題になることがある。「板書はしないのですか？」

私は、道徳授業で板書をほとんどしない。必要ないからだ。

授業の初めにめあてを書き、子ども達と確認する。

「今日は、命の大切さについて勉強します」こんなこと、言えない。最初から白旗だ。

めあてを示さず、授業終末の作文にめあてとしていたことが出てくる。いや、出させる。

そのように授業を組み立てる。

それが、道徳授業をする者にとってのプライドであり気概である。だから、私は、道徳授業では板書はしない。

ほとんどの場合。

（２）道徳の時間の導入はどうあるべきか
開始十五秒で子どもの心をわしづかむ始まり方を創りだそう

開始の常識「経験の想起」

道徳授業開始の五分は、次のことが常識となっている。

経験の想起

この言葉でピンと来た人は、いわゆる文部省型道徳授業の腕に覚えのある人だ。

文部省指定の道徳教育研究指定校の授業は、多くの場合この始まり方をする。

例えば、次。

【順番に並ぶ場面についてさまざま想起し、発表する】

「『順番に並ぶ』場面にはどんな場面がありますか？　いろいろな場面を教えてください」

【全校朝会の時の自分の態度について思い出し話し合う】

「月曜日にあった全校朝会で、自分の態度は何点でしたか？　五点満点で点をつけましょう」

【飼ったことのある生き物を発表する】

「これまで、どんな生き物を飼ったことがありますか？」

【優先席について知っていることを発表し合う】

「電車やバスの優先席について知っていることを教えてください」

道徳授業の実践資料をパラパラめくればいくらでも出てくる。

ある意味、一般的な道徳授業は、法則化されているといえる。

空気が緩む経験の想起

経験の想起は、授業開始の活動として、よいのか否か。

よくない。

授業開始は、〝つかみ〟である。

TOSS授業技量検定では、開始は、「つかみの十五秒」と言われている。

始まってすぐ子どもの心をわしづかまないといけない。

全員の子をわしづかまないといけないのだ。

経験の想起は、できるか？

できない。

「〇〇したことについて思い出しましょう」と問われて、全員の子が応えられるか？

思い出すのに時間がかかる子がいるだろう。

道徳研究授業で、中々子どもから発言が引き出せず、時間が過ぎていく場面を何度も見た。

教室は、シーンとする。

思い出せない子、順番待ちの子は、だれてくる。

始まりからいきなり、教室は、緩んだ空気に支配されるのだ。

または、必要以上に緊張した空気が充満してしまう。

開始十五秒で子どもをわしづかむ始まり

では、道徳授業の開始は、どのように始めればいいのか。

わからない。

無責任な発言ではない。

教材・資料によって始まり方は、違う。

大切なことは、開始で「とにかく子どもをこっちに向かせること」だ。いきなり巻き込むことだ。

例えば、私は、「ルイ・ブライユ」の授業をしたとき、次のようなはじまり方をした（ルイ・ブライユとは、点字を発明したフランス人である）。
◆点字『あお』を見せる。
「これは点字です。読める人？」「ヒントあげます」
◆虫食い五十音表をはりあてる。一人指名「あおです」
「正解！　これは、『あお』です」

五つの点字クイズを通して、点字の仕組みに気づかせる組み立てである。五十音表を手掛かりにするので、一年生でも考えることができる。

つまり、全員が考えるのである。参加するのである。

「この点字を発明した人」ということで資料を提示すれば、子ども達は、食い入るように読む。

道徳授業の始まり方は、「子どもの心をわしづかむ」をキーワードに組み立てよう。

（3）気持ちを考えることの是非

気持ちを問うことは、道徳的価値に関してほとんど意味を持たない

道徳授業で教えるべきこと

道徳教育とは、つまるところ、次の3つを教えることである。

ルール
マナー
モラル

これらは、社会生活をしていく上で守るべき、心がけるべきことである。

ルールとは、きまりであり、約束である。

集団、または社会で生活する上で守らなければならないことである。守らなければペナルティを負うほどの強制力もある。

マナーとは、心がけである。

ルールほど強制力はないが、逸脱したマナー違反は、批判を受けることもある。

モラルとは、意思決定である。

ルールやマナーを守るかどうかを決めることである。

信号のある交差点という状況で、これら三つを考えてみよう。


【ルール】

信号は、青が進む。黄が止まる。赤は、絶対止まる。


【マナー】

信号が青のとき、順に進む。前の人を押しのけて進むと、相手の迷惑になる。

【モラル】

信号が赤の時は、止まる。誰も見ていないからといって、進むことはしない。

青になって、自分の都合だけでどんどん押しのけて進んだりしない。

道徳授業は、これら三つの大切さを教え、できるようにさせていくことである。

気持ちを問う必要があるか

この交差点の場面で道徳授業をつくる。発問を考えよう。

【ルール】について

太郎さんは、信号が赤の時、横断歩道を進んでしまいました。

「太郎さんは、なぜ信号を渡ってしまったのでしょう」「信号を守らなかった太郎さんは、どんな気持ちだったでしょう」「信号を守っていた周りの人たちは、どんな気持ちで太郎さんを見ていたでしょう」

信号無視に関して、太郎さんの気持ちは関係ない。赤は、止まらなければならないのだ。周りの人が嫌な気持ちであろうとどうであろうと、赤は止まらなければならない。

【マナー】について

太郎さんは、信号が青になり、ダッシュで横断歩道を進んでしまいました。周りの人を押しのけて行ってしまいました。

「太郎さんは、なぜ周りの人を押しのけて横断歩道を渡ってしまったのでしょうか」「ダッシュで渡ってしまった太郎さんは、どんな気持ちだったでしょう」「押しのけられた人たちは、どんな気持ちになったでしょう」

押しのけられた人の中には、いろいろな性格がある。何とも思わない人、腹が立つ人。いろいろである。仮に、押しのけられた全ての人が何とも思わない人だったら、ダッシュしていいのだろうか？　否！

周りの人がどう思おうと、人を押しのけて渡るのは、よくない。迷惑になるからである。

もうおわかりだろう。ルールを教えるのも、マナーを教えるのも、気持ちを問う必要はない。「ならぬはならぬ」「やらねばならぬ」である。

教えるべきは、「ルールは守るということ」「相手の迷惑を考えるということ」である。

道徳授業は、心の教育である。だから気持ちを考えさせるという意見がある。

違う。

「ルールを守る心」「相手の迷惑を考える心」を教えることである。これがモラルである。

気持ちを問うから、いつまでたっても道徳授業が効力を持たないのだ。

（4）何を「話し合う」べきか
気持ちを話し合うから、いつまでたっても道徳授業は変わらない

話し合う活動

多くの学習指導案において、頻出する言葉がある。

「話し合う」である。

「話し合う」を辞書で引いた。
1　互いに話す。打ち解けて話す。語り合う。
2　問題を解決するために、立場・考えなどを述べ合う。
授業における用法は、当然2だろう。1は、雑談と同義だ。

指導案で使用されている「話し合う」は、授業で本当に実現されているのか。

いつも疑問に思いながら参観に臨む。

そして、確信する。

「全然話し合ってない」と。

指導案で表現されている「話し合う」という活動のほとんどは、発表どまりである。

教師の発問に、誰かが発表し、教師が板書する。

この繰り返しである。

誰かの発言に、他の子が異議を唱える「話し合い」を見たことがない。

言いっぱなしなのである。

指導案には、この程度の「話し合い」で、子どもの考えが深まると書かれている。

深まるはずがない。

道徳授業で話し合う

「話し合う」は、当然、道徳指導案にも登場する。

「雨のバスていりゅう所で」（光村図書）の指導案がネットに公開されている（http://www.keins.city.kawasaki.jp/1/KE1026/sido_hyouka/doutoku/doutoku_29-36.pdf）。

活動2は、「話し合い」である。

発問をピックアップする。
①バスを待っているときのよし子さんは、どんな気持ちだったでしょう。
②お母さんに連れ戻された時、よし子さんは、どんなことを思ったでしょう。
③バスに乗ったよし子さんは、最初どんな気持ちでお母さんの顔を見上げたのでしょう。

④よし子さんは、自分のしたことについて、どんなことを考え始めたのでしょう。
全て気持ちを問う発問である。

話し合いが成立するのか？

否。

資料には、よし子やお母さんの気持ちは書かれていない。

だから、推測するしかない。

例えば①の子どもの反応。

「おばさんの家に行く日が、よりによってこんな天気だなんて」「うっとうしい雨だな。早くバスが来てほしいな」

正解とも間違いともいえない。

「書いていないからわかりません」が正解だ。

これは、話し合うことか？

子どもが、言いっぱなしで終わりである。

問題を解決するために、立場・考えなどを述べ合うほどのことではない。
②③④も同様である。
「雨のバスていりゅう所で」の指導案を片っ端から読んでみたが、どれも、このような話し合いと称した思いつきの発表場面がメインの活動となっていた。

話し合うべきは、登場人物の気持ちか？

気持ちは、本人に聞かなければわからない。ましてや、読み物である。書かれていないからわかるはずがない。

道徳授業において、登場人物の検討などどうでもよいことだ。

検討するなら、登場人物の行動である。「よし子が横入りしたことは、仕方なかったのか？　いけなかったのか？」二者択一で立場を決め、討論をする。それならば、話し合う意味がある。子どもの経験からの意見も出されるだろう。規範という視点からの意見も出されるだろう。

気持ちを話し合うから、いつまでたっても道徳授業は変わらない。効力をもたない。

四　河田流道徳授業の骨格

（1）肝は「必要感」・「義務感」・「充実感」

道徳授業に立ちはだかる厚い壁

「道徳の時間」の充実は、きわめて困難な課題である。

なぜか。

現場の教師の道徳授業に対するモチベーションが著しく低いからである。

理由は三つある。

「必要感がない」

「義務感がない」

「充実感がない」

教科の授業は、学習指導要領に定められた学習内容を身につけさせるためにやらざるを得ない。

まさか、「算数授業はやらなくてもいい」なんて思っている教師はいないだろう（もちろん学力向上を塾や家庭学習に依存している教師は論外である）。

道徳授業は、多くの教師が「やらなくていい」と思っている。

道徳授業で、道徳的心情・道徳的判断力・道徳的実践力がつくなんて思っている現場の教師はほとんどいない。

やってもやらなくても変わらないのに、敢えてやろうとする教師はいない。

さらに！　道徳は、教科ではない。したがって評定がない。

評定がないということは、保護者や学校への報告義務がないということだ。

報告義務がないのに、敢えてやる教師はいないだろう。

教科は、評定がある。評定のためにはテストをしなければならない。テストのために、授業はやらざるを得ない。

教科授業が必ず実施される裏には、「評定」という強制力が働いているのである。

ネガティブな表現になってしまったが、まぎれもない現場の現実である。

もっとも、必要感がなくても、義務感がなくても、意欲的に取り組む教師がいる。

例えば、クラブ活動。

器楽演奏が好きな教師は、吹奏楽クラブの指導に熱心である。

子どもの技能向上に心血を注ぐ。自分の時間を犠牲にしてでも。

スポーツ経験のある教師も同様。

つぼを押さえて確実に子どもの技能を向上させる。

教科の成績に関係ないし、報告義務もないのに、どうしてここまで前向きに取り組めるのだろうか。

充実感である。

人間、誰しも興味あることには前向きに取り組める。また、自分の指導による目の前の子どもの技能向上を確認できる。

さらに、指導の結果は他者から評価され、賞賛もされる。

「やりがい」を心から実感できるのだ。

道徳授業はどうか。

道徳授業そのものに充実感を感じている教師は稀である。

自分の道徳授業で、子どもが目に見えて変わったという経験をした教師はほとんどいないだろう。

「必要感がない」「義務感がない」「充実感がない」という三つの壁を壊さない限り、道徳授業の充実はあり得ない。

現場教師としての実感である。

壁① 「必要感がない」を壊す

道徳授業に必要感を持たせるための第一の作業は、内容項目の整理である。

ほとんどの現場教師は副読本にそって道徳授業を実施する。

副読本は、指導要領の内容項目に基づき資料を作成、編成する。もれなくまんべんなく。

内容項目が変わらなければ、現場の授業は変わらないのである。

新学習指導要領が、道徳教育に力点をおくのであれば、内容項目の大幅な変革が必要だった。

どのように？

重点課題のカテゴリー化である。

「最低限の規範意識」「自他の生命の尊重」「自分への信頼感や自信」「他者への思いやり」「法やルールの意義やそれらを遵守する」を整理する。
1　ルールを守る
2　マナーに気をつける
3　モラルを大切にする

4　命を大切にする
5　自分を大切にする
6　思いやりの心を大切にする
7　その他

これらは、現在社会で最も必要とされている内容である。

これらをふまえて、低・中・高学年の発達段階で必要な内容を抽出していく。

例えば、ルールについて。

低学年では、遊びを通じて。

中学年では、それに加え学級や集団行動。高学年では、それらに加え学校や社会のルール、条例や法律など。

ルールの大切さを教え、守らせることは、日常生活に必要なライフスキルである。

指導すれば、さまざまな生活場面に反映される。効果があれば、指導の必要感を実感するはずである。

壁②「義務感がない」を壊す

道徳授業に義務感を持たせるための絶対条件は、教科化である。

中教審で、一時、道徳の教科化が話題になった。賛否両論の渦にこの案は呑み込まれてしまったが、再考してみる価値はある。

私は、道徳の教科化に賛成である。

道徳が教科として授業がはじまれば、家庭は注目せざるを得ない。成績がつくからである。学校での教科化が、家庭の徳育復活を促す可能性もある。

教科になれば、そこには評定が伴う。道徳教育教科化の反対者の最大の理由は、評定への嫌悪である。

しかし、徳育の評定はそんなに悪いことなのか。

具体的な生活場面を提示し、そこでの人物の行動がルールという視点で◯か×か問うのは当然である。

マナーとしてどうすべきかを問うことは、少しもおかしなことではない。

道徳が教科になれば、現場はやらざるを得ない。また、保護者も、本気になる。成績がつくのだから。

道徳を教科として評定する対象は、子どもの心（人格）ではない。

子どもが学習して得た知識・理解であり、表現・技能である。

道徳の教科化は、とても大きな壁である。

しかし、これが実現しない限り、道徳授業充実はむずかしい。

そして、混迷し暴走する子どもの現状も改善されることはないだろう。

壁③「充実感がない」を壊す

「道徳授業に充実感を感じている教師は稀である」と前述した。

稀であるから、全くいないわけではない。

その稀な教師が私たちＴＯＳＳにはたくさん存在する。

道徳授業に充実感を持ち、多くの実践を重ねる教師が全国にいる。

私たちＴＯＳＳ教師は、なぜ道徳授業に充実感を持てるのか。

追試をするからである。ＴＯＳＳランド http://www.tos-land.net/ から、「力のある授業」をプリントアウトし、教室で実践をする。

また、ＴＯＳＳ道徳シリーズ（全二十七巻）の授業を追試する。

さらに、ＴＯＳＳセミナーで提案された道徳授業を、教室でパソコン・プロジェクターを通して実施する。

ＴＯＳＳ道徳の授業は、これまで経験したことのない手ごたえを授業者にもたらす。

また、ＴＯＳＳ道徳の成功体験は、教師の創造意欲をかき立てる。

「自分でもあのような授業をつくってみたい」という挑戦意欲を喚起させる。

子どもに成功体験が必要なように、教師にも成功体験が必要である。手ごたえのある道徳授業をたくさん経験しなければならない。

ＴＯＳＳには、成功体験を保証する道徳授業が山ほどある。

「道徳の時間」の充実をどう図るか。

簡単である。

ＴＯＳＳ道徳の授業をすればよい。

指導方法の変革

指導内容の教え方は、さまざまある。

教える方法で、教える内容も違ってくる。

これからの授業を考える上でとても大切なことである。

道徳授業には大きく次の五つの型がある。

１　スタンス型

人間としての生き方（姿勢）を教える授業。先人やヒーローの生き方・考え方を伝えることが授業の骨格である。スキルを教えるのではなくスタンス（姿勢）を教えるので、子どもの行動がすぐに変わるわけではない。

古今東西の先人の生き方のエキスを子どもの中に蓄積していくのである。

評価は授業後の作文でする。評価基準は、「授業で伝えたかった生き方を作文に綴っている」である。生き方からいくつかのキーワードを抽出し、作文を評価していく。

2 スキル型

人間として社会生活をする上での生きる術《すべ》を教える授業である。

生き方のスキルの基本形を教え練習をさせるので、よい授業ならば、子どもの行動は変わる。

評価基準は、「教えた基本形ができる」である。

このスタイルの道徳授業はほとんどない。しかし、教えるべき大切な内容が充満している。とりわけ善悪の判断を身につけさせる低学年の道徳授業には是非とも必要な型である。

3 反省型

自分の生活を振り返らせる授業である。読み物資料の世界と自分の生活を対比させて、自分の行動を反省させるというのがねらいである。授業の組み立ては、冒頭で紹介したように、①経験を思い出させる、②登場人物の気持ちを発表させる、③どうすればよかったのか発表させる、④教師の説話を話すという展開となる。

これまで発表されてきた圧倒的大多数がこのスタイルである。

教えたいことも評価基準も明確でないので、子どもは何を学んだのか自覚できないことが多い。終末の子どもの作文を読めばわかる。

4　批評型

新聞記事・写真などを示し、現実社会の出来事を子どもに批評させる授業である。

事実をあつかった資料のため、子どもは確かに本気になる。

しかし、子どもは、どのような生き方を学んだのか自覚できない。

これは、教えたい内容が資料そのものだからである。

指導者の側に、「教えたい生き方」という視点がない。評価基準は「資料について意見を言った。作文を書いた」となるため、子どもは道徳として何を学んだのか自覚できない。

5　体験型

実際の活動・体験を通して、道徳性を学ぶ学習スタイルである。

例えば、保育園訪問、老人ホーム訪問、車いす体験、アイマスク体験などなど。

ライブは、書籍だけでは学べない大切なことをたくさん提供してくれる。しかも、体験を伴うので、記憶も強固である。

こちらが教えなくても、体験の中から子ども達はたくさんの大切なことを学ぶ。

指導内容と指導方法のマトリックス

自分がどんな内容をどんな方法で教えようとしているのかという自覚が必要である。そのために、指導内容と指導法のマトリックスをつくる。
縦軸と横軸の交差する部分の授業を作っていく。

指導方法／指導内容	スタンス型	スキル型	反省型	批評型	体験型
ルールを守る					
マナーに気をつける					
モラルを大切にする					
命を大切にする					
自分を大切にする					
思いやりの心をもつ					
その他					

(2) ルールの大切さを教えよう
ルールの意義を教える

ルールとは何か？

「指導要領解説」に掲げられている重点課題の一つに、
「法やルールの意義やそれらを遵守する」

がある。

「ルール」とは、何か。

ルールを守らなければ、どうなるのか。

「ルールを守れ」というが、私たちは、ルールというものについて、これまで教えてきたのか？

ルールそのものを取り上げ、意義や重要性について教える道徳授業を私は知らない。

「なぜルールを守らないといけないのか」「ルールを守らなければどうなるのか」教える授業が必要である。

「ルール」とは、何か。

辞書で調べる。

【ルール】きまり。規則。

「きまり」を辞書で調べる。

【きまり】⑴物事のおさまり。結末。決着。⑵きめられた事柄。定め。規定。

【規則】⑴行為や手続きなどを行う際の標準となるように定められた事柄。きまり。⑵法則。秩序。⑶国会以外の諸機関によって制定される法の一種。法律・命令などとならぶ実定法の形式の一つ。衆議院規則・参議院規則・最高裁判所規則・会計検査院規則・人事院規則などのほか、地方公共団体の長の定める規則などがある。規則は法律に違反することができない。

なんとなくわかるが、なんだかよくわからない。

これでは、子どもに教えられない。

子どもが理解できるように、簡潔に教えられる定義が必要である。

異論はあるだろうが、子どもに簡潔に教えるために、「ルール」について定義する。

きわめて簡潔に。

子どもがイメージできるように。

次のようにルールを定義した。


参加する人が守らなければならないきまり。守らない場合は、罰せられる。


いくつかあてはめてみよう。

例えば、「サッカー」に参加する人が守らなければならないきまり。守らない場合は、罰せられる。

サッカーには、「ボールを直接手で触らない」というルールがある。これを破るとどうなるか。

相手チームのフリーキックというペナルティ（罰則）となる。

その他さまざまあてはめて考えるとよい。

「バスケットボールのルール」「野球のルール」「すもうのルール」「将棋のルール」

「守るべきもの」「守らなければ罰せられる」という二点において、先の定義は全てあてはまることがわかる。

あてはめたものは、全て競技である。

競技、とりわけスポーツのルールは、きわめて厳密で厳格である。

なぜ厳密で厳格なのか。松岡正剛氏は、『知の編集術』（講談社現代新書）で次のように解説する。

「スポーツにルールが発生し、めきめきと進化していったのは、古代の遊び型のスポーツには『賭け』があったからだった。初期の競技の大半は貴族や民衆の賭けのために行われていた」「競技者の誰に賭けるかという熱狂があまりに高じてくると、だんだんプレーのやりかたも厳密になってくる。それは争いにもなる。それでルールが発達し、審判（レフェリング）という制度もくっついてきた」

ルールというものの概念は、おそらくスポーツが起源だろう。

スポーツのルールの起源は、まさに勝負の世界だったのだ。勝てば儲かり、負ければ大損。それは、賭けた者の生死にもつながる。もちろん、競技者の生死にも関わる。

だから、スポーツのルールは、「絶対破ってはならないもの」という拘束性がともなっているのだ。

また、破れば、ペナルティという忌避できない罰則があるのだ。

国についてあてはめてみよう。

「国のルール」とは、法律である。

例えば、刑法。

「第二〇四条　人の身体を傷害した者は、十五年以下の懲役又は五十万円以下の罰金に処する」

きわめて具体的な行為と罰則が示されている。

法律が厳密で厳格な理由は、あえて言うこともないだろう。

一番の理由は、国を維持するためである。

法律がなければ、国は、崩壊する。

国を構成する人が、一人一人自分の価値基準によって行動したらどうなるだろう。

「ほしい物は、勝手にとってよい」「気に入らない人は殴る」などなどが許されるとどうなるだろう。

実際、このような状況は過去、何度も起こった。

戦場となった町、クーデターが起こった町、やりたい放題が見逃される世の中。

政府の機能が低下、あるいは停止した状態である。

このような状態をアナーキーという。

周りを常に警戒し、自分の身は自分で守る世の中は、想像しただけでぞっとする。

政府は、その国の大多数の人々の幸せを保証するために、法律をつくった。

法律は、その国で生活するためのいわば行動基準だ。

国民は、法律に沿って自分の行動を決める。

または、自分（あるいは他人）の行動の正誤は法律によって判断する。

法律から逸脱した行為は、罰せられる。

法律は、国のルールである。

スポーツのルール同様、審判がいる。

裁判所である。

裁判所が、罰則の内容と量を決定する。

子ども達に教えたいこと

ルールの大切さについて、子ども達に次のことを教えたい。

①ルールは、守らなければならない。
②ルールを破るとペナルティがある。

特に、「ルールにはペナルティが伴う」という部分が大切である。

中学生が校則を破り暴走する一番の原因はそこにある。

中学生は、校則を破っても、罰せられない（叱責や指導はあるだろうが、本人にとってはほとんどマイナスではない）。

中学生は、それを知っている。

ある私立中学校の校長が新年度のあいさつで次のようなことを話したそうだ。

「校則を守れない人は、どうぞ他の学校へ行ってください」

「ルールを犯せば、学校にいられなくなる」

重い罰である。

公立の中学校は、これができない。

だから、暴走してしまう。

「ルールは、守るべきもの」という部分だけ教えていたのでは、不十分である。

「守るか破るか」が最終的には個人の判断に任されてしまうことになるからである。

ルールを守るか破るかは、本人のモラルの問題なのである。

ルールとモラルを混同して教えてしまうから、何を教えたのかわからない授業になってしまうのである。

「ルールを破ればペナルティを課せられる」

これを小学校のうちからきちんと教えるべきである。

では、どのように教えるのか。

まず教えておかなければならないのは、

「ルールの意義」である。

①ルールは、集団の参加者全員のためにある。
②ルールは、参加者の知恵と経験と労力をかけてつくられている。
③集団に参加しているものは、ルールを守らなければならない。
④ルールを守らなければ、ペナルティを課せられる。

これらを、ゲーム、スポーツ、社会、学校などの面から教えていく。

次の授業を構想している。
（1） ルールとはなにか。

ゲームのルールを紹介する

「いかなるゲームにもルールがあります。次のルールは、何というゲームでしょう」

（例）オセロ／①黒が先手 ②打てる箇所がない場合パスになり ③打てる箇所がある場合は必ず打たなければなりません。 ④双方が打てなくなったらゲーム終了
「なんというゲームでしょう？」「オセロ」

「ルールを破った人はどうなりますか？」「負ける」「そう、ルールを破った人は、負けるのです」

オセロのほかに、あと2〜3ゲームのルールを紹介する。

スポーツのルールを紹介する

「スポーツにもルールがあります。次のルールは、何というスポーツでしょう」

（例）サッカーのルールを紹介する。①相手に飛びかかるのは反則 ②相手をつまずかせたら反則 ③ボールを奪うために相手に突っ込んだら反則 ④相手に唾を吐きかけたら反則 ⑤相手を蹴ったら反則 ⑥ボールを手で触ったら反則

「なんというゲームでしょう？」「サッカー」「ルールを破った人はどうなりますか？」「ペナルティがあります」「そう、ルールを破ったチームは、フリーキックとなりますね」
このあと、「日本の村八分」「バビロニアのハンムラビ法典」などルールの歴史を紹介し、そして、日本の法律につなげていく。

（3）学級のルールを守る心を育てる

教師の権威が確立された学級でこそ「ルールを教える授業」ができる

教師の権威の確立

子どもにルールを教える時、学級がそのベースとなる。
学級でルールを教えるならば、絶対に外せない原則がある。

教師が学級の権威となる

ことである。
権威がいない集団のルールはゆるい。
各自がバラバラに行動している。
無政府状態（アナーキー）である。
これでは、ルールは教えられない。
では、教師が権威を持つにはどうすればよいか。
授業力をつけることである。

「わかる」「できる」「楽しい」授業ができる腕を身につけることが最優先である。

授業が楽しく勉強ができるようになれば、子どもは、教師に信頼を寄せる。

その積み重ねで権威は確立される。

「ルールを守る」ということを教えるのは、それからである。

教師に権威ができたら、それを執行する場面を仕組む。

ルールを自分たちで創る

教師の権威が確立された学級では、子ども達自身がルールを創る。

数年前担任した六年生。修学旅行の班別活動に関するエピソードである。

学級通信から紹介する。


【修学旅行への道~それぞれの妥協点】


修学旅行のグループ分けは、子ども達にとって大きなテーマです。

誰もが「好きな人と一緒のグループになりたい」、そう思っています。

プライベートならば、簡単な話です。

しかし、学級という社会ではそうはいきません。

人数にも目的にも制約があるからです。

誰もが自分の幸せを追求すれば、どこかに歪みが生じます。

歪みに巻き込まれた誰かは、幸せな気分を味わえません。

全員がそれなりの水準の楽しさを手に入れるためには、誰もが、どこかで我慢をしなければなりません。

「我慢をする」というのも大切な学習です。

「我慢をさせる」という学習もあります。

私が、全てのグループ分けをし、それに従わせるという選択肢です。

この子達なら、それを妥協点として受け入れたでしょう。

しかし、今回は、採用しませんでした。

「どこで我慢するかを子ども自身が決める」という選択肢を採用しました。

グループ分けは、班別研修・宿泊・スペースワールドの三つです。

班別研修のグループ分けのとき、子ども達に次のように言いました。


長崎、吉野ヶ里の班別研修のグループを決めます。

全部で7グループ。どのように分けるのか。先生が全てを決めてもいいのですが、みんなが楽しみにしていた修学旅行です。

小学校生活の大きな思い出になる修学旅行です。グループ分けもみんなに任せようと思います。

先生からの条件は、三つ。

一つは、人数。一グループの人数を四〜五人にする。

二つ目は、男女を混ぜる。班別研修は、遊びではありません。学習です。教室の学習班が男女で学習するように、修学旅行の学習班も男女で作ります。

そしてもう一つ。

「『悲しい思い』をする人を一人も出さない」ということ。

この三つを守れるのなら、決め方はみんなに任せます。

どうですか?

子ども達は、うなずいていました。残りの時間は、子ども達に任せました。

私は、オブザーバーでした。

早速学級会が開かれました。

子ども達から出された選択肢は、二つでした。

「好きな者どうし」「くじ」

予想通りです。

どのような人数分布だったと思いますか?「好きな者どうし」少数、「くじ」圧倒的多数、でした。

予想外でした。

子ども達は、その名の通り子どもです。

高学年といえど、欲求がむき出しになるものです。心の中がわかる装置で覗いたら、全員「好きな者どうし」が充満していることでしょう。

しかし、ほとんどの子がそれを選択しませんでした。それぞれ意義づけもしています。「好きな者どうしだったら、入れない人が出てくるはずです」

「自分がそうなったら悲しいです」

「みんなが納得するくじがいいと思います」……

最後に多数決をとりました。

「くじ」に決定です。

くじづくりから抽選、そしてグループ分け、リーダー・サブリーダー決定、メンバー表記入まで子どもに任せました。
各班から提出されたメンバー表を受け取って、グループ分けは終了しました。
不満がある子もいたでしょう。
しかし、これも大切な学習です。
子ども達は、大切な妥協点を自分達で見つけたのだと思っています。

第2章

科学で裏づけられたTOSS道徳

一　最新脳科学で裏づける心の教育

（1）「見る」という作業

スマートボードに下の画面を映し、朗読した。

「黄色の竜巻」とは、何ですか？

・ゴミぶくろ　・マヨネーズ
・子ども　・エプロン

次の画面をヒントにした。
みんな？．？．？である。

「黄色の竜巻はこれです」

「あ〜」という声が聞こえてきた。

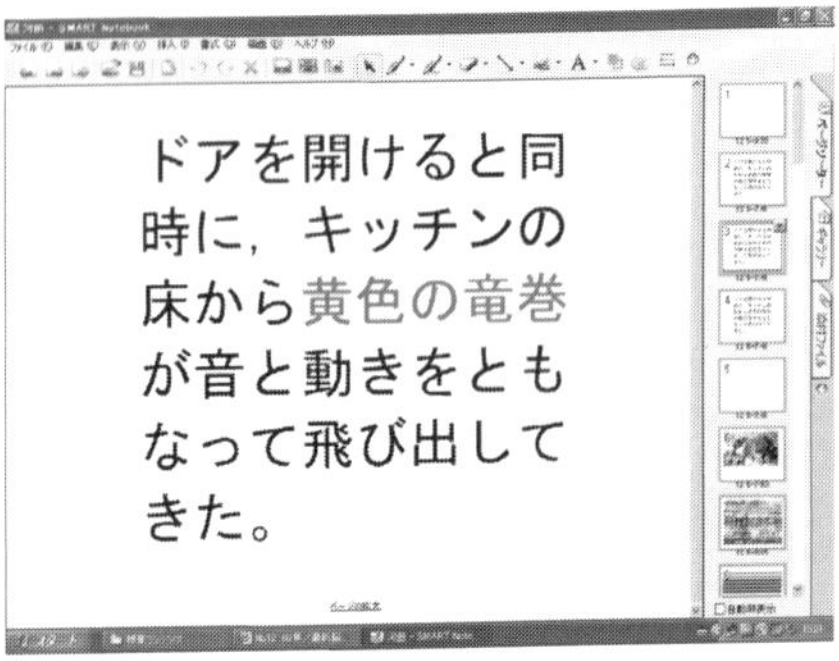

「ドアを開けると同時に、キッチンの床から黄色の竜巻が音と動きをともなって飛び出してきた」

「この文の作者は、マイク・メイというアメリカ人です。マイク・メイについて、感想を書きなさい」

発表させた。

- 表現力がとても豊かだ。
- 動きのある表現ができる人だ。
- 文学者なのだろうか？

「マイクは、文学者ではありません。犬の姿が本当に『黄色い竜巻』に見えたのです。例えば、町で見たあるものは、次のように見えました。これは、なんでしょう？」

「ええ～？」みんな頭をひねった？

- ビル　・自動車　・木

「マイクが見たものは、動物園にいました」

次の画面を見せる。

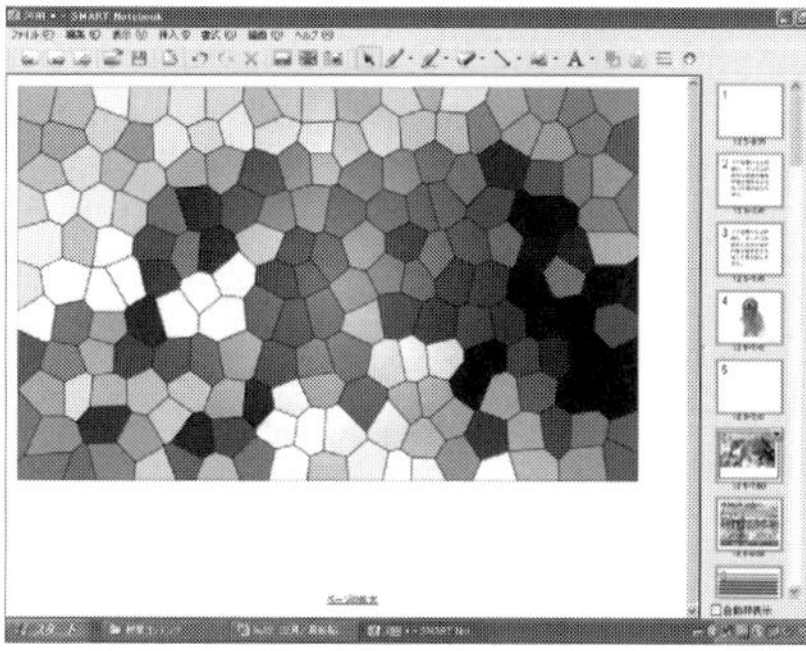

「あ～ゾウだ」

「スーパーマーケットの棚は、次のように見えました。

「棚に並んでいるこれは、なんでしょう?」

•くだもの?　•おもちゃ?

次の画面を見せる。

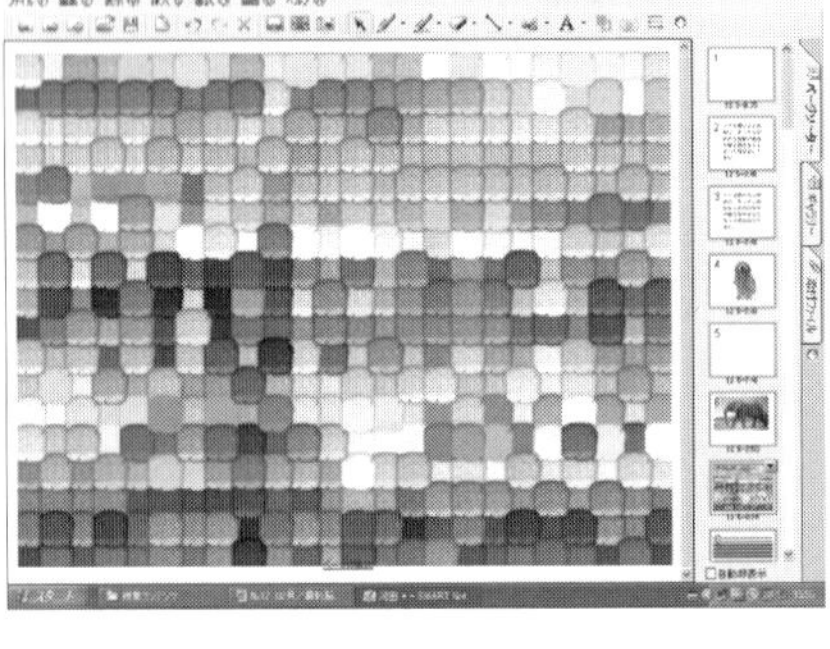

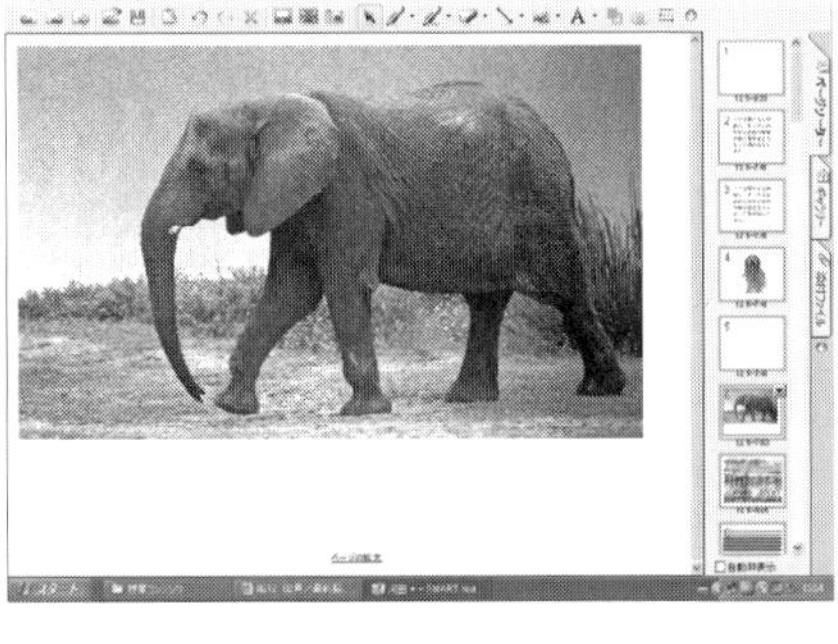

「あ〜ジュース！」

「公園は、次のように見えました。
公園にある、これは、何でしょう」

・鉄棒？　・横断歩道？

「マイクが見たものはこれでした」

「マイクは言います。私には、横に何本も引かれている線しか見えなかった。そこを通ろうとしたとき、初めて階段であることに気がついた」

「さまざまなものが、このように見えてしまうマイクには障害がありました。どこに障害があったのでしょう」

・目

・脳

「マイクは、三歳のとき爆発事故で両目を失明します。ものが全く見えなくなったのです。それから四十三年間、全くものを見ることができませんでした。しかし、四十三年後、奇跡が起こります。医学が飛躍的に進歩しました。『幹細胞移植手術』を受けて、視力を回復したのです。お医者さんによる正確な視力検査では、一・五もありました。マイクの視力は、全く問題ありませんでした。でも、マイクには、私たちが見ている様子と全く違う様子が見えているのです。マイクのどこに障害があったのでしょう？」

全員が「脳」だという。

次の画面を見せながら解説した。

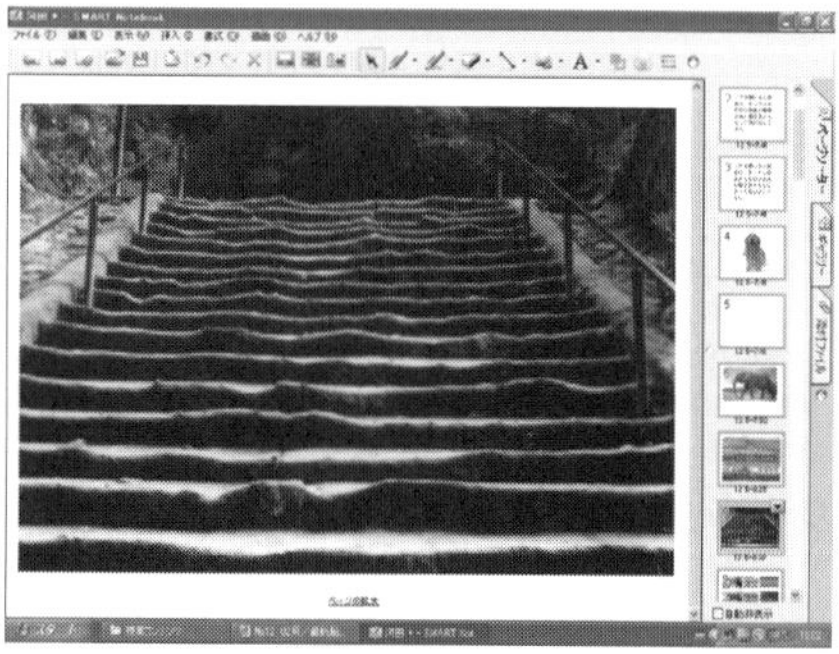

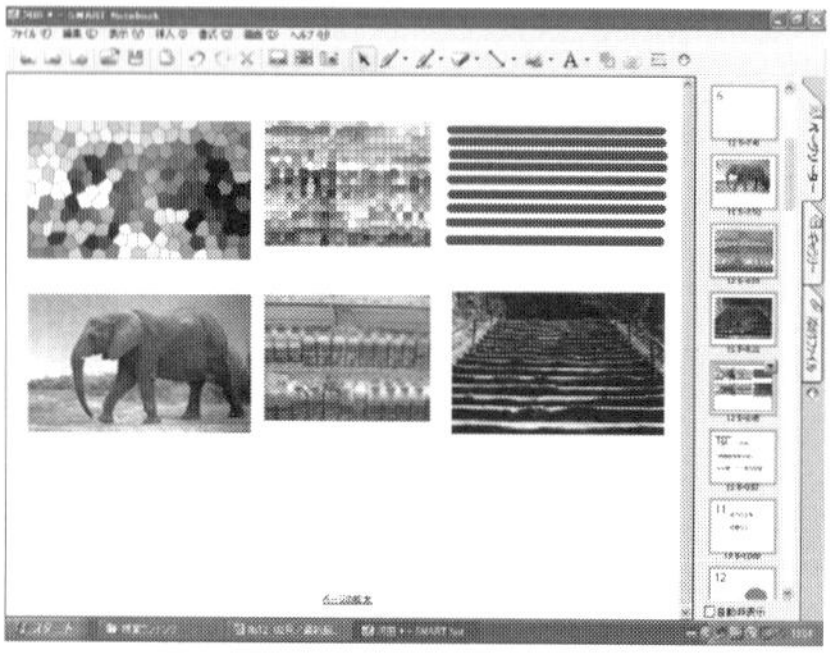

「目から入ったゾウの画像は、脳に来て初めてゾウになります」

「見る」という活動は、どのような作業なのですか？
「画像」と「情報」という言葉を使って文を作りなさい。

「目から入ってきた画像を脳で情報として処理する作業」が出てきた。

解を提示した。

目から入ってきた「画像」を脳にある「情報」と結びつける作業。

さらに、説明を付け加える。

「画像」と「情報」を結びつける役目をする細胞を「視覚ニューロン」といいます。

「マイクの脳には、三歳の失明以来、画像という情報が全くありません。知らないものはわかりません。ゾウを見ても、何かわからなかったのです。それが動物であることさえ判断できなかったといいます」

「なるほど」と聞こえてきた。

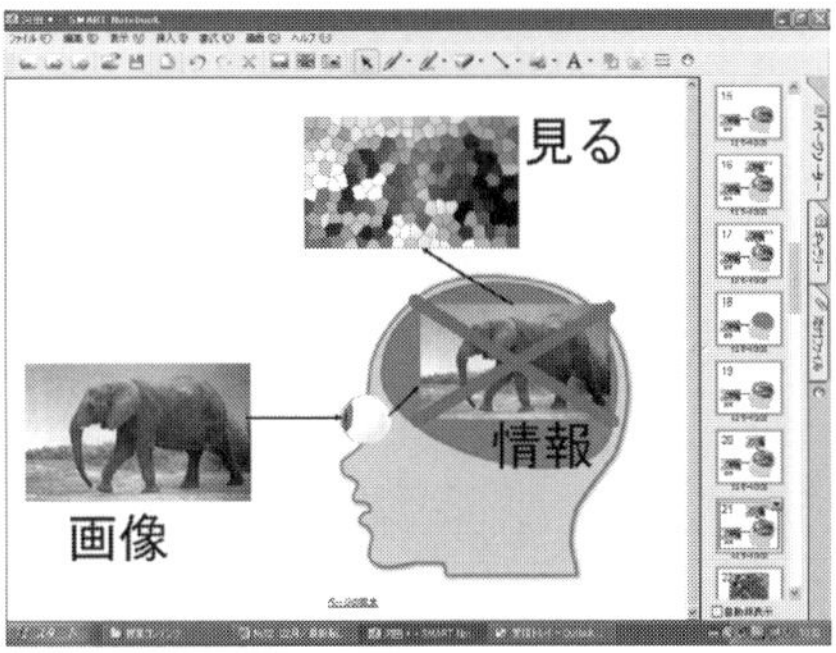

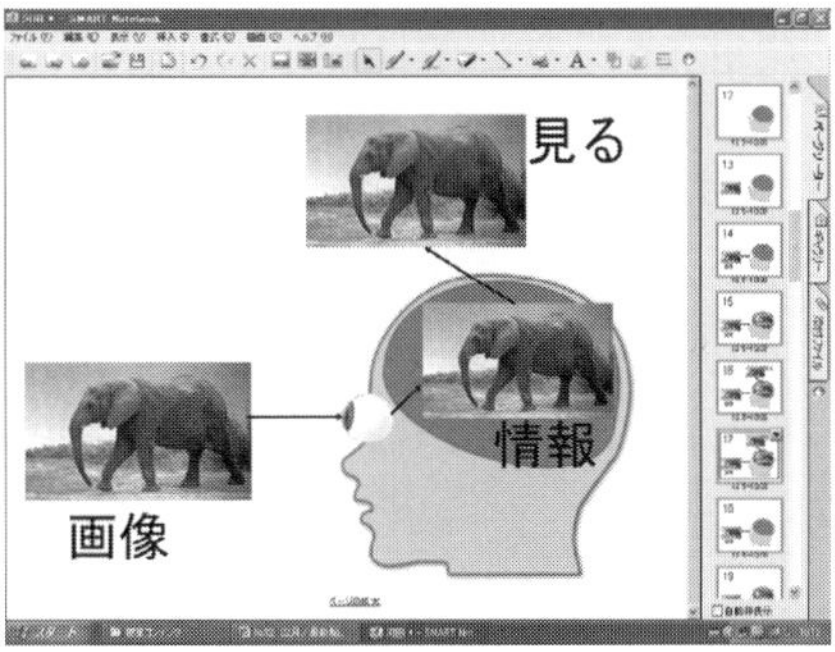

（２）脳は、内にあるもののみ映す

「視覚ニューロンが、目からの『画像』と脳にある『情報』を結びつけるという作業を体験してみましょう」

「これは、何ですか？」

みんな「？・？・？」である。

「マンホール」「溶岩」とかろうじて出た。

「では、次の画面は、何ですか？」

「魚の化石」とすぐに返ってきた。

「もう一度さっきの画面を見てみましょう。何ですか？」

今度は、数人の手が挙がった。

「トカゲの化石」「三葉虫の化石」……。

「こうら！」と助言すると、即座に返ってきた。

「カメの化石！」

そこで、次の説明をした。

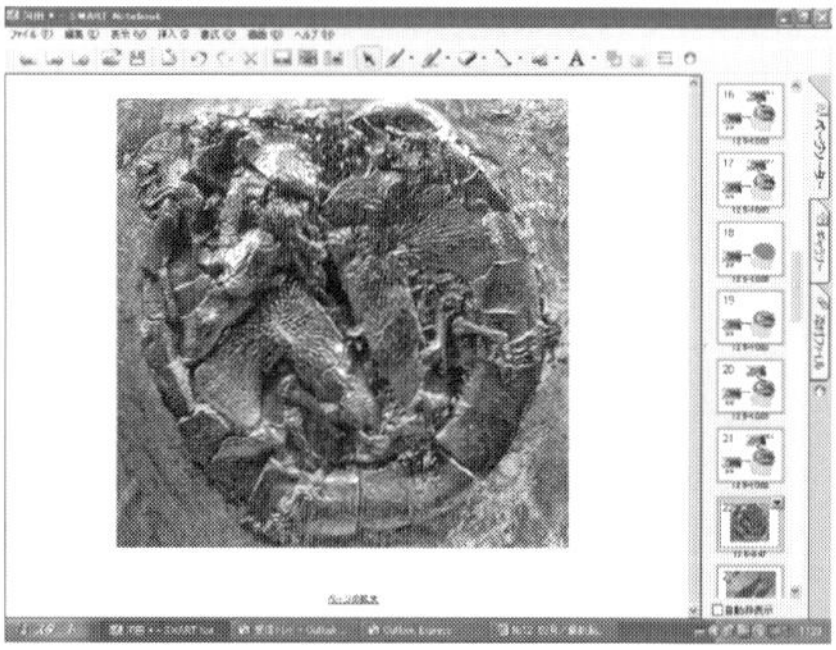

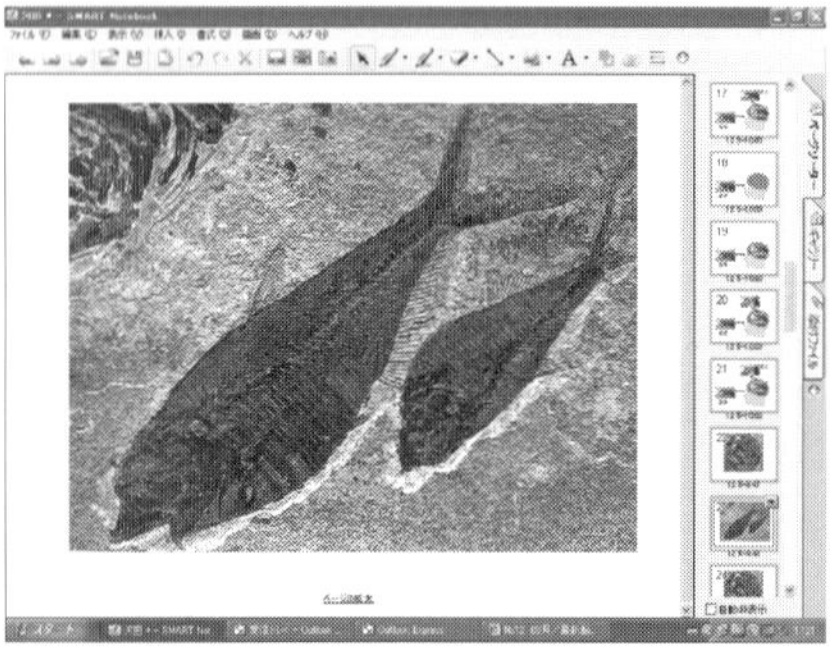

「今、みなさんは、岩のような画像を目から入れました。視覚ニューロンは、脳の中の『化石』という情報と『カメ』という情報二つと画像を結びつけて、『カメの化石』と判断したのです」

「『見る』とは、脳のどのような作業なのですか?」

「目からの『画像』と脳にある『情報』を結びつける作業」

「そうですね」

次の画面を提示した。

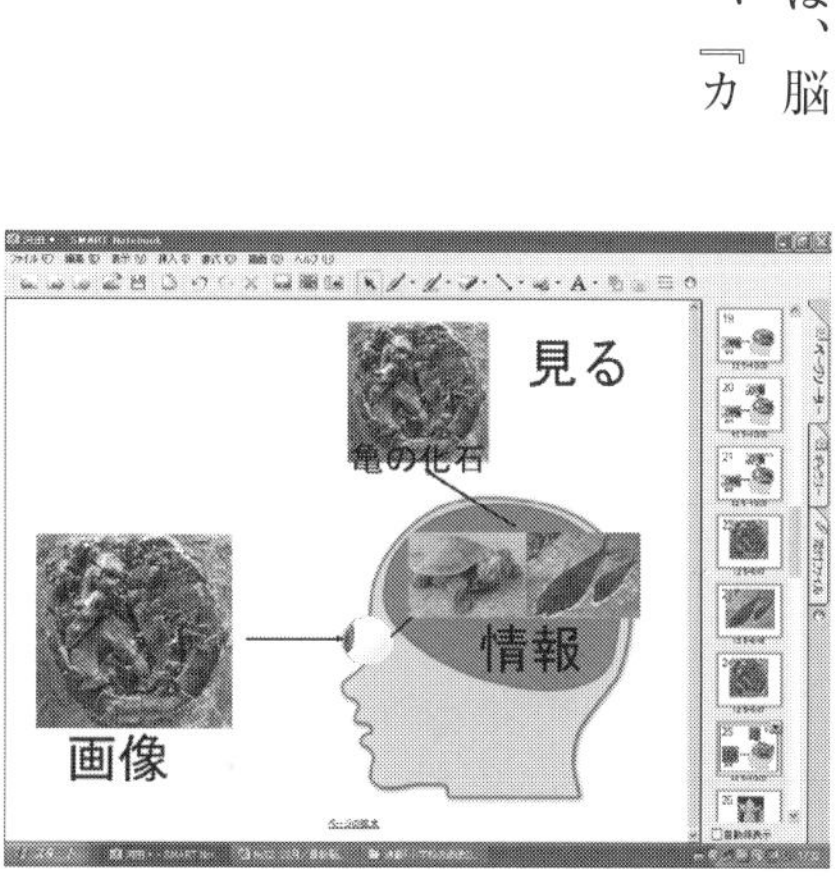

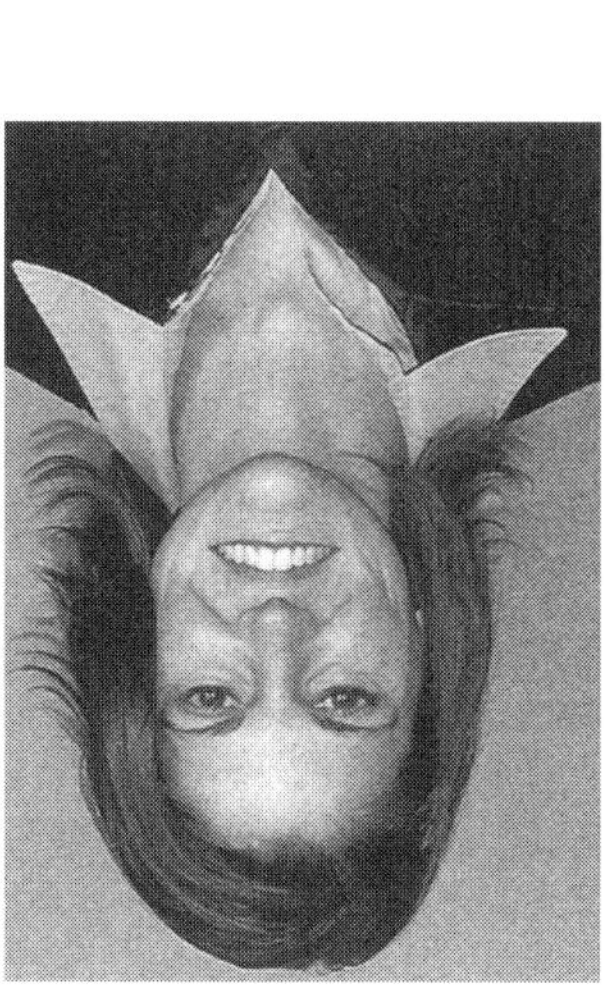

「この画面を見て、気がついたことを言いましょう」

「顔がさかさまになっている」

「では、これを戻してみます」

スマートボードで回して見せた。

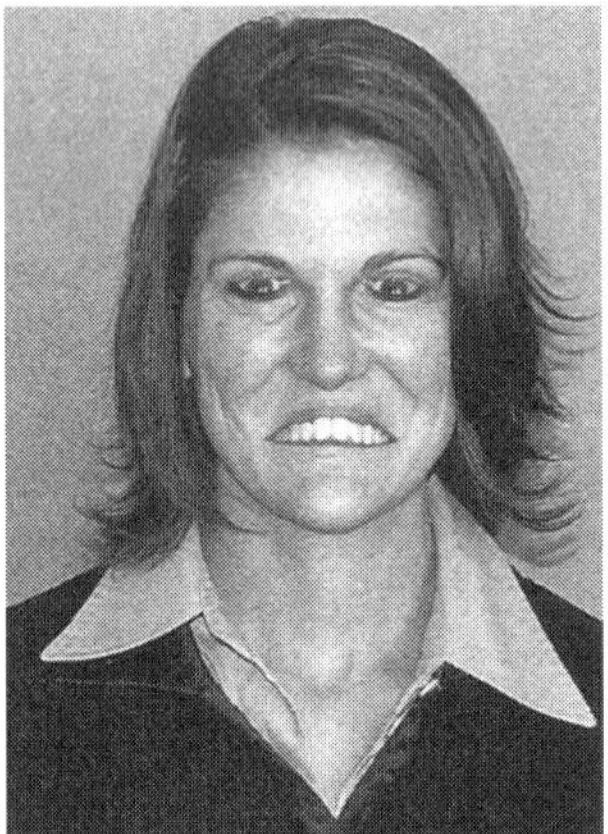

「ええ〜」と声があがった。

「気がついたことを言いましょう」

「目と口が異様だ」「変だ」

「これは、目と口をパソコンでさかさまにしているのです。正常な顔はこれです」

と元の正常な顔を提示して見せた。

「最初の写真を見たとき、『さかさまになっている』くらいしか気がつかなかったのは、脳にどのような情報がなかったからですか？」

次のように返ってきた。

「顔をさかさまに見るという情報です」

「そのとおり。視覚ニューロンが、目から入ったさかさまの画像と結びつけたのは、正常な顔の情報だったのです。だから、あんなにおかしな顔だったのに、さかさまになっていることくらいしか気がつかなかったのです」

「見るとは脳のどのような作業なのですか」

「目からの画像と脳にある情報を結びつける作業」

さらに次の画面を提示した。

「右のテーブルと左のテーブル、広いのはどちらですか?」

全員が声をそろえて「右」と言った。


「重ねてみます」

スマートボードで左の画像を回転させて右の画像に重ねた。

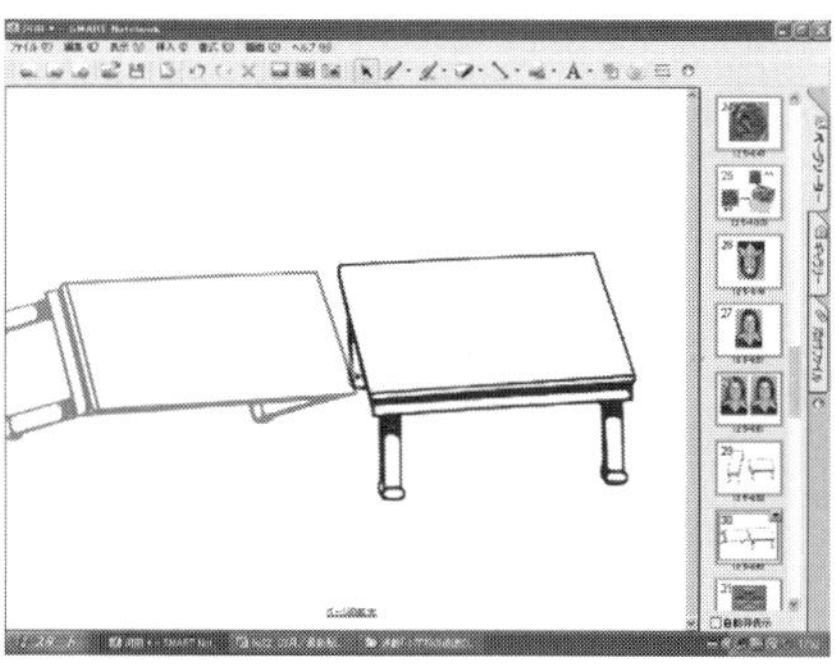

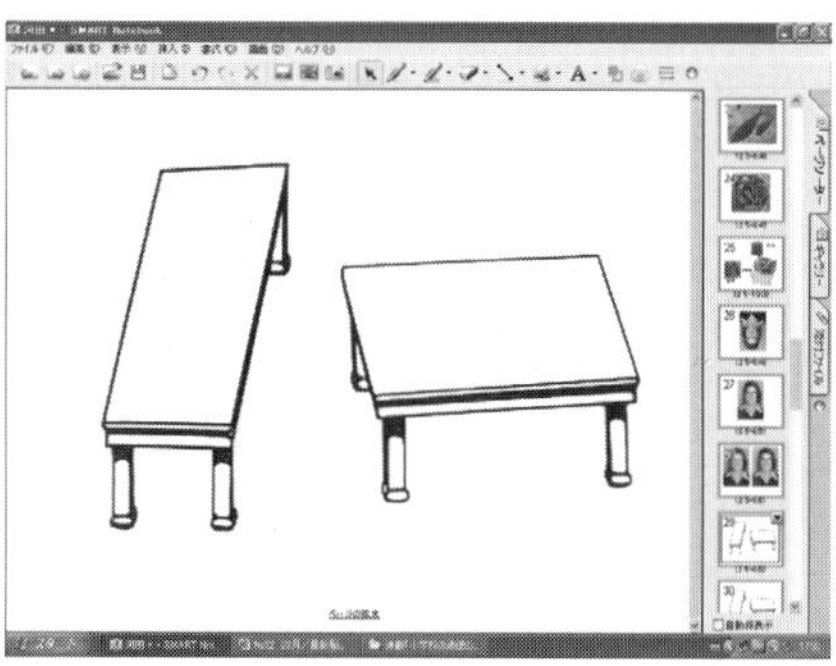

「え～」と歓声があがった。

ぴったり重なったのだ。

「なぜ、みんなは右のテーブルのほうが広く見えたのでしょう。説明しましょう」

ある人が説明した。

「私たちの脳には、『奥行き』という情報があります。遠くに奥行きがあるほど、ものは細く見えます。左のテーブルは、右側よりも奥行きがあります。だから、二つのテーブルの画像と脳の「奥行き」という情報が結びついて、左のほうが広いと錯覚しました」

「上手な説明でした。そのとおり、この場合、画像と『奥行き』という情報が結びついてしまったのですね。目は、あるがままを見ているわけではないのですね」

「このテーブルの問題をマイクにも見せました。マイクは、どう答えたと思います？」

「どちらも同じ広さ」

「そのとおり。マイクは、なんのためらいもなく『どちらも同じ広さ』と答えたのです。マイクがそう答えてしまったのは、マイクの脳にどのような情報がなかったからですか？」

「奥行きという情報」

「そうですね。見るとは、脳のどのような作業なのですか？」

すぐに返ってきた。

「目からの画像と脳にある情報を結びつける作業」

もう一つ出した。

上の画面を見せて「膨らんでいるのは、どれですか？」と問うた。

「一番上の一つと三番目の一つ」

スマートボードで全く同じ画面を逆さにした。そして同じ問いをした。

「一番上の二つと、三番目の二つ」と返ってきた。

「全く同じ写真が、なぜこのように見えてしまうのでしょう。説明しましょう」

ある人が説明した。

「私たちの脳には、『光は上からあたる』という情報がある。だから、上に光があたっている楕円がこちらに膨らんで見えた」

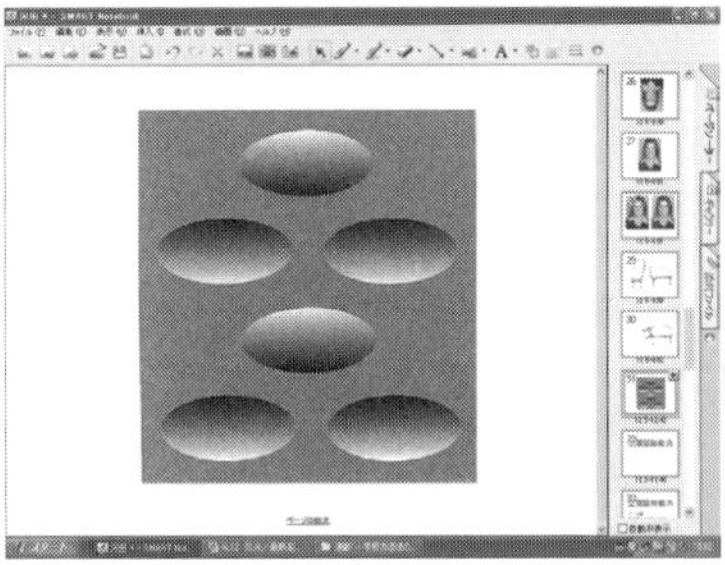

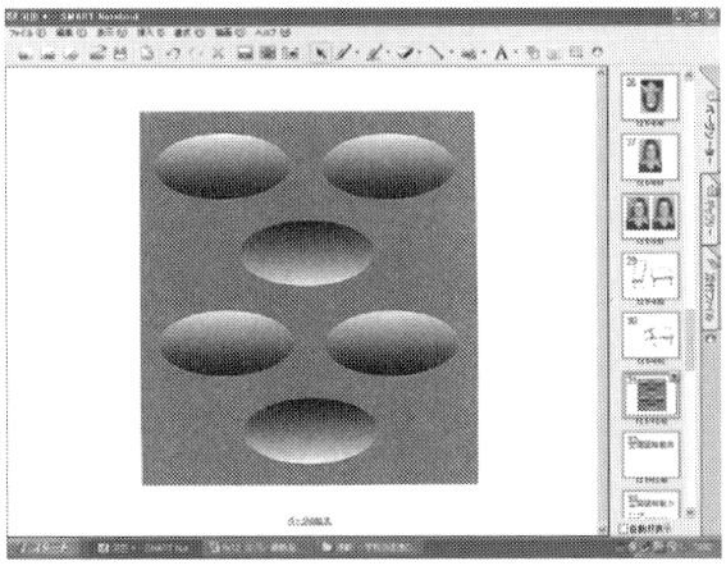

「そうですね。これは、目からの画像と脳にあるどんな情報が結びついたのですか？」

「光は上からあたる」

そして、次の説明をした。

> **今体験した奥行きとか光の当たり方などは、「空間認知能力」といいます。**
> **空間認知能力は、〇~九歳に作られます。自分の目で見ながら、ものにさわり立体を肌で確かめながら情報が蓄積されていきます。**

ここまでの感想を書きなさい。

「小さい時に、さまざまなものに触ることはとても大切だと思いました」

「図形が苦手な人は、小さいころにさまざまなものに触る体験が少なかったのかな?」

「小さい子が、絵を立体的にかけないのは、空間認知能力が十分できていないからなのかなと思った」

次の画面を見せた。

「どちらの人が大きく見えますか?」

「追いかけているほう」

「追いかけている人は、どんな顔をしていますか?」

「怖い顔」

「追いかけられている人は、どんな顔をしていますか?」

「おびえている」

トンネルの背景を取り払い、二人をならべて見せた。

これまた歓声があがった。

二人は、全く同じ絵なのだ。

「みなさんがさっき話したように見えたわけを説明しましょう」

「私たちの脳には、『追いかけてくる人は怖くて大きい』という情報が入っている。だから追いかけてくる画像と「怖い」という情報が結びついてしまった」

「そのとおり」

次の説明をした。

人の表情は、脳にたくさん蓄積されています。九歳までに触れ合った人たちと笑ったり泣いたり怒ったり困ったりしながら、どのような気持ちのときどのような顔をするのかという情報がたくさんたくさん詰め込まれるのです。人の表情の情報が完成するのも、やっぱり〇~九歳といわれています。

ここでも感想を求めた。

「幼いころにたくさんの人と触れ合うことが大切だと思った」「小さいときにテレビに子守をされた子どもは、人の気持ちを察するのが苦手という話を思い出した」

「さて、この話の中心人物マイク・メイには、視覚情報が圧倒的にありません。だから、目からの画像が普通に見えません。マイクはこれからの人生でどうすればよいと思いますか?」

「たくさんものに触りながら情報を脳にためていくとよい」「多くの人と触れ合うのがよい」などが出た。

そこで告げる。

「マイクの視覚ニューロンは、三歳のときに用済みになりました。だから、本来視覚ニューロンになるはずだった細胞が他の役目をするようになったのです。脳の細胞は、必要なときに使われないと他の使われ方をするようになります。そして、その細胞は、二度と本来の機能を果たせなくなります。

マイク・メイの見え方は、二度と私たちと同じように見えることはないのです。

授業の感想を書きなさい」

次の感想が出た。

「マイクは、自分の人生をかけて、『見る』ことの意味と、成長における体験の大切さを教えてくれた」

最後に付け加えた。

「マイクは、現在もなお、力強く目の前の状況に立ち向かっています」

二　発達障害の子に有効な道徳授業

（1）授業に不可欠な特別支援という視点

毎年、ＴＯＳＳ教え方セミナー会場には、二百名の方々にご参加いただいている。

参加者層は、小学校を中心に中学・幼稚園教諭、保育士、学生、保護者、塾講師、医師、起業家と非常に厚くなった。

メインテーマは、「特別支援」。

今や、特別支援は、教育界で外せないテーマである。

いや、教育界の枠を遥かに超えて、全ての分野に不可欠な視点となった。

教え方セミナー参加者層はその象徴といえる。

「興味がある」程度の認識ではない。

「なんとかしたい」「乗り越えたい」という熱望である。

特別支援教育という言葉は、完全に現場に浸透したといえる。

特別支援教育という言葉を知らない教師はいない。

しかし、誤解は多い。

発達障害診断をゴールにしている教師が多い。

「ＡＤＨＤだから仕方ない」「アスペルガーだから、どうしようもない」と指導を放棄してしまう教師、診断を自分の指導力への免罪符にしてしまう教師がたくさんいる。

負の誤解だ。

「特別支援教育は、特別支援学級ですべきだ」と考える教師もたくさんいる。

診断は、スタートである。

医師に診断を受ける。

診断名が告げられる。

多くの教師は、ここで肩の荷を下ろす。

そうではない。

知識・技術・教材・教具など多くを装備し、その子と共に歩いて行くのだ。少なくとも担任している間は。

ＷＩＳＣⅢなどの知能検査をして、その子の優位と劣位を抽出する。

劣位な部分のサポートを準備する。

優位が発揮できる指導法を考え備える。


保護者から手紙をもらった。

「一年間大変お世話になりました。この一年間でＡは、大変成長することができました。先生に良いところを引き出していただいたと感謝しております。心も身体も成長できて、病院とも縁が切れました。本当に一年間ありがとうございました」

終末の文にグッときた。

Ａちゃんは、入学以来、手のかかる子だったらしい。教育相談では、毎回名前があがった。

医師から診断を受け、毎月通院していた。薬も投与していた。

いわゆる「発達障害だから仕方ない」子だったのだ。

その子を一年間担任した。

その子も含め、全員にわかる授業、楽しい授業、できる授業を心がけた。

その子にさまざまな役割をあたえ活躍させた。

一年を経て、その子は病院と薬が必要なくなったのだ。

（2）特別支援の授業の原則

林隆氏（発達障害研究センター・センター長）は、山口県全域から引っ張りだこの小児神経科医である。

林氏の研究室は、県内各地から集まる保護者、子ども、教師でいっぱいである。相談内容は、発達障害と特別支援。

その林氏から、ＴＯＳＳは支持されている。理由は、「子どもの事実」である。

ＴＯＳＳの指導法で子どもが変わったという事実、救われたという事実への賛同である。

また、ご自身が子役としてＴＯＳＳの模擬授業を受け、その効果を実感されている。

林氏が、ＴＯＳＳの授業を支持する理由は、次の三つ。
①やることが明確
②活動が多い
③リズムとテンポがある
子役模擬授業を終えて、真っ先にいただいた感想が「河田先生の授業は指示が具体的」だった。「ブレようがない指示だから、確実にそう行動してしまう」とのこと。

また、「常に『読む』『書く』『手を挙げる』『唱える』などすることが多いから、症状が出るすきがない」とも。

さらに「授業がテンポよく進んでいくから、クラス全体にリズムができる。障害のある子は、同調してくれる子がいないと症状を出しようがない」とも。

林氏から指摘された三つの視点は、特別支援の授業の原則である（特別支援に大切ということは、全ての授業に大切ということでもある）。

林氏には、ＴＯＳＳ道徳の授業を見ていただくこともある。

ご一緒のセミナーでは必ず、その度に感想をいただく。

「道徳授業にもリズムとテンポがありますね」「気持ちを問うことがないので、障害のある子も答えられます」などなど。

特別支援という視点からずっと心配していたことがあったので、思い切って聞いてみた。

「私の道徳授業はエピソードをじっと聞く場面があります。障害のある子には、耐えられる時間なのでしょうか」

これまでの道徳授業で子どもが退屈することはなかった。

しかし、自分の道徳授業スタイルは、多くの発達障害の子に通用するのか疑問だった。

林氏は教えてくれた。

「大丈夫です。耐えられます」

理由は、次の三点。

①視覚・聴覚情報両方がある
②画面の切り替えが頻繁
③教師が語りかけている

子どもは、プロジェクターの画面を見ながら、教師の話を聞き目と耳から情報を得られるので、十分理解できる。

また、画面がすぐに変わるので飽きない。

そして、教師が、間で子どもとやり取りをしながら進むので興味の持続ができる。

林氏の指摘は、ＴＯＳＳ道徳授業の効果への力強い裏づけとなった。


たった一つ、林氏から注文があった。

「道徳授業であっても、正解を教えてほしい」

道徳授業には、「どんな感想でもよいという」常識がある。

新卒時代「心の教育なんだから教えたらだめよ」と指導をうけた。

「障害のある子は、『なんでもいい』というのが一番困るのです」

「このような場面では、このように話すのが正しいのです、と正しい答えを教えてください」

「最後『つかれたなあ』と感想を発表したら、それでよしとする先生がほとんどです。それはやめてください」

「『ぼくも自分にできることで人の役に立ちたいです』と言うのが正しいのです、と教えてください」

道徳授業であっても、「時」と「場」と「状況」を考えて発言できるよう指導していかなければならない。

道徳授業の新しい視点である。

第3章

TOSS道徳授業の創り方・組み立て方

一　授業力が道徳教育の成否を左右する

授業力とはどんな力か？

「教師の授業力」が向上すれば、学校教育の問題の九十％は解決する。

授業力とは、次のような授業ができる程度の力である。

荒れた学級での授業が成立する

荒れた学級には、次の問題が潜在している。
①発達障害の子（疑いも含めて）が一～二割程度いる。
②楽しい授業の経験が少ない。
③成功体験が少ない。
授業力とは、これら三つの問題を同時にクリアーできる力である。

健常児にも発達障害児にも楽しいと思われる授業をするためには、勉強と練習が必要である。

教材研究という勉強はもちろん大切である。

それと同時に、特別支援教育の基本も勉強しなければならない。

例えば、健常児も障害児も心地よさを感じる授業のテンポはどのくらいか。

ワーキングメモリーが一つしかないＡＤＨＤの子が授業に参加するためには、どのような支援が必要か。

学習障害児に、健常児と同じ時間内に同程度の学習を成立させるには、どのような支援が必要か。

障害児は、健常児と見え方が違うという研究報告があるが、障害児にも正しく見えるようにする支援は何か。

これらは、特別支援教育の基本のごく一部である。

しかし、これらを出題されて即答できる程度の勉強をしていなければ、全ての子にとって楽しい授業、できる授業はスローガンでしかない。

もちろん、勉強だけでは実現しない。

特別支援教育の基本を踏まえた授業の練習が必要だ。

教師の世界には、「本を読んだらできる」という非常識な常識がある。

この世に、本を読めばすぐにできる技術というものは存在しない。

いかなる技術も練習しなければ身につかない。

プロサッカーの試合を見てサッカーが上手になるか？

サッカーの教則本を読んでドリブルが上手になるか？

授業も同じである。

本に載っている教育技術は、すぐに使いこなせるわけではない。

名人の授業をビデオで見ようとライブで見ようと、自分自身の授業力が向上することはない（目標となる授業をイメージとしてインプットするいう意味では、授業参観は絶対必要である）。

授業をテンポ良くリズミカルに運営する技術は、練習し、目利きの指導を仰ぎ、改善しさらに練習しなければ、身につかない。

全ての子どもを把握する目線やどんな子も受け入れる笑顔は、模擬授業や研究授業などで、多くの教師の目を潜り抜けて自然にできるようになる。

このような基礎体力の上でこそ、教材研究や授業の組み立てが力を発揮する。

そして、それらが楽しい授業、できる授業に結びついていくのである。

教材研究をいくら熱心にやっても、それだけでは授業は上手にならない。

授業力とは、勉強と練習によって培われるのである。

ここ数年、国立大学附属小学校教官の授業を拝見していて特にそう思う。

教材研究や組み立ては、安定した授業力の上でこそ効果的に機能する。


最近、授業力と子どもからの信頼を連想するエピソードを聞いた。

ベテラン教師A氏の学級が荒れに荒れている。

その学級であったこと。①万引き、②女子六名が、休み時間にガムをかむ、③掃除ボイコット、④クラスの男子が授業妨害、⑤靴隠し数件
一緒に体育をした。クラスの子は、A氏の指示を一切聞かない。「座れ‼」と、なぜかいきなり怒鳴るA氏。「なんで、座らんといけんのか‼」と、反発する子どもたち。授業後、緊急の対策会議。管理職、六年担任、生徒指導が集まる。そこで、教務が次の発言をした。「今日の昼休み、教室に行ったら、男子がチョークまみれになっていた。頭も服も、真っ白になっていた」「女子が集団で、やっていた。あれは、いじめだ。ぼくは、大声を出して、叱りました」

A氏の授業の時、不思議な現象が起こる。クラスの子が、授業がはじまると保健室に通うのだ。

養護教諭曰く「先生の授業がいやでいやでしかたない」「先生の授業がはじまると頭が痛くなる」と子どもが訴える。

子どもが逃げ出すような授業をする教師の授業力は低い。

教師の権力による指示も子どもには通じない。

教師の指示が通じない学級で跋扈《ばっこ》する、掃除サボり、教室のお菓子、靴隠しなどのいじめ。

ごく一部のエピソード紹介だが、聞くたびに「教師の授業力と道徳教育」の関連性を強く強く実感する。

授業力向上が道徳教育の要

では、授業力が高ければ、効果的な道徳教育はできるのか。

授業が上手い先生のクラスが荒れたという話は聞いたことがない。

また、学級全体の規範が低下しているという話も聞いたことがない。

私たちＴＯＳＳ教師は、むしろ荒れた学級を引き継いで立て直す。新年度一週間以内に。

向山型算数代表の木村重夫氏は、荒れた六年生を六年連続引き継いで立ち直らせている。

担任当初、目がつっていた子ども達の表情は、すぐに笑顔に変わる。

前年度の問題「いじめ」「騒乱」「無秩序」は、全て解決する。

年度末の作文には「授業が楽しかった」「先生が勉強をできるようにしてくれた」とたくさんの子どもが綴る。

授業力の高い教師の学級は荒れない。

授業力の高い教師の学級の子は、規範意識が高くなる。


授業力は、道徳教育の基盤である。


全職員の授業力が向上すれば、学校教育の問題の九十％は解決する。

道徳教育の内容が問題なのではない。

二　授業創りの視点「テーマから創るか素材から創るか」

（1）道徳授業を創る視点

私の道徳授業創りのスタートラインは二つある。

1　「テーマ」から
2　「素材」から

「テーマ」から授業を創る

例えば、「いじめ」の授業。

例えば、「ボランティア」の授業。

例えば、「少年非行に歯止めをかける」の授業。

こうしてできた授業の一つが「点字」の授業である（詳しくは、『河田孝文授業技量提言集④本筋の心の教育』〈明治図書〉をご覧いただきたい）。

「素材」から授業を創る

例えば、書籍『クラッシュ』（太田哲也著）から授業を創る。

例えば、テレビ番組「アンビリバボー」から授業を創る。

こうしてできた授業が「クラッシュ」であり「たかし君」である。

比率的には、圧倒的に「素材」から創ることが多い。

本を読んでいて、番組を見ていて、私が心をわしづかみにされた素材は、なんとかして授業化したいと思う。

なんとかして、子どもに伝えたいと思う。

なんとかして、授業にしたいと思う。

授業「無償の愛」（『河田孝文授業技量提言集④本筋の心の教育』参照）に登場する「浅井力也」君だけで授業を創ったことがあった。

力也君を通して、お母さんの愛を伝える授業だった。

それはそれで感動的な授業だった。

しかし、心のどこかに「それは、力也君のお母さんだからできたこと」という思いがあった。

子ども達は、「世の中にはすごいお母さんがいるもんだなあ」くらいにしか思わないだろうなと思っていた。

力也君だけでは、子ども達自身の親には結びつかないと思っていた。

子ども自身の親に結びつけるには、どのような組み立てにすればいいのか？

どのような発問にすればいいのか？

どのような資料を切り取ってくればいいのか？

力也君のお母さんの著書『ビッグ　ハグ』（実教出版）を読み込んだ。

しかし、見つからなかった。

子ども達を感動はさせられても、それぞれの親を見つめさせるエピソードはなかった。

私から見れば、力也君のお母さんのエピソードはどれも特殊すぎた（「我が子のためとはいえ、そこまでやるか⁉」というエピソード満載だった)。

しばらく試行錯誤して、ある考えにたどり着いた。

自分の親に目を向けさせるためには、親の愛を「一般化」しなければならない。

力也ママ一人では、特殊なままである。力也ママのような人物を複数連れてくれば、一般化できる。

一般化に必要なお母さんの数として導きだした数が「三」である。

かくして、「お母さん」探しが始まる。

それまで、「無償の愛」のように、複数の資料を用いた道徳授業というのはなかった。

たいてい、一つの感動的なエピソードを子どもに提示して終わる。

子どもの感想は決まってる。

「すごいな。とてもぼくにはできない」

これでは、道徳のねらいは達成できない。

「道徳授業は、資料からトレースした生き方を自分に転用させるためのもの」である。

道徳の資料が絵に描いた餅ではだめなのである。

ちゃんと食べられて消化される餅にするための料理法が「一般化」である。

「資料の一般化」は、道徳授業づくりの重要な視点である。

(2) 授業の骨格を明確にする

「無償の愛」を一般化しようと思ってから私がとった行動。

まずは、授業の構想を近くにいる人に話した。

話すと、頭の中の混沌のスープが煮詰められる。

例えば、同僚に「あたらしい道徳の授業を創りたい」

「こんな授業を創りたい………

①何人かのお母さんのエピソードを紹介する。

②育て方は、みんな違うことを伝える。

③でも、違う育て方の底に流れているものは同じ。

④子を思う親の愛は同じ。

⑤形は違うけど同じ。

これに気づかせる授業をつくりたい」

このような感じで、近くの人に伝える。

一人や二人ではない。

近くの人全員に伝える。

何度も何度も何度も伝える。

頭の中でぼんやり考えていたことは、人に話すことで整理される。

相手がわかるように伝えなければならないから。

相手がわかるように言葉を選ぶから。

相手がわかるように組み立てを考えるから。

何度も話すことで、授業の輪郭が、くっきりしてくる。

何度も何度も削られ輪郭がくっきりしてくる。

繰り返すことで、自分のやりたいことが明確になる。

やがて、授業の心臓部が現れる。

それは、一文で表せる。
私の「無償の愛」の心臓部は、

形は違えど子を思う親の愛は同じである

である。
話すことで、思考は明確になる。
池谷裕二氏の著書でこれを知った。
自分の経験を振り返った。
池谷氏の言うとおりだった。
人に話した構想は、必ず実現している。
授業の輪郭がくっきりしている。
言葉に出すことで思いは実現する。
日本民族は、これを言霊《ことだま》と呼んだ。
言霊は、脳科学という視点から説明できるのだ。
自分のやりたい授業は、何なのか。
一文になるまで人に話し続ける。
もちろん、そればかりやるわけではない。
並行して資料を集めるし、組み立ても考える。
しかし、核は「一文で言える」ということ。

これができなければ、たいした授業にはならない。
あいまいな一文ではだめだ。
例えば、「親の愛を伝える」
例えば、「無償の愛を伝える」
どうとでも取れる一文ではだめなのだ。
イメージできる一文でなければだめ。
例えば、

【形は違えど】

さまざまな子育てをする母親の姿を連想。

【子を思う親の愛は同じ】

子どもを抱きしめる母親。
一文になるまで人に話し続けると、授業の心臓部が浮きぼりになる。

（3）授業を微修正する

素材を教材化し、授業を組み立てる。
これで、授業の準備が終了するわけではない。最後に、大事なことが残っている。
「微修正」である。
私は、二〇〇〇年のＴＯＳＳサマーセミナーで、ウェブワークの授業を提案した。
パソコン画面に沿って授業を進める日本初の授業だった。
私に当てられた授業時間は二十分。

今思えば長いのだが、当時は二十分にいかに内容を組み込むか思案した。授業を組み立て、シナリオを作りサイトを作成した。ページの転換を秒単位で考えた。エピソードを語る場面で複数の写真を使う。

例えば、あるエピソードに四枚の写真を使う。その四枚がエピソードの長さと合うように、パソコンの切り替えのタイミングを決めなければならない。語りが終わる直前に、四枚目の写真が登場するよう設定しなければならない。エピソードが何分何秒で終わるのか、何度も語ってタイムを計った。所要時間が、やるたびに変わってくる。何度も何度も時間を計り、平均時間を求めた。そして、それに合わせてアニメーション（画面の切り替え）時間を微修正した。

素材が教材に磨き上げられ、教材の配列が吟味しつくされたら、授業の準備は十分なのではない。どうすれば、伝えたいことがより効果的に伝わるのか、始まる最後の最後まで、授業の細部にこだわり修正していく意思と技術が大切なのである。

三　河田流「力のある資料創り」と授業の組み立て

（1）視覚に訴える「力のある資料」の創り方「自衛隊の授業」

自衛隊の授業を創った。

日本が備える危機管理システム「自衛隊」の存在と意義を伝える授業である。

東日本大震災において、自衛隊は三万人の命を救い、一万体の遺体を弔った。また、さまざまな活動で被災地を支援した。

自衛隊奮闘の資料やエピソードは、山ほどある。心温まる、こみ上げる、励まされるもの。

全てを子どもに与えることはできない。資料を手当たり次第に与えるのは、授業ではない。

授業とは、制限時間内で最大の効果を出すための教える行為なのだから。最大の効果を「ねらい」と呼ぶ。

授業のねらいは、次である。


自衛隊は、日本の危機管理機関であることを知る

ねらい達成に向け資料を創る。

さまざまある中から、子ども達に絶対伝えたい資料を洗い出す。

それらに優先順位をつける。

さらに資料を削る。必要な部分を残し、不要な部分をやすりにかける。いえば簡単だが、その作業は困難を極める。

自分が惚れ込んだ資料だから、全部入れたくなる。あれもこれも入れると、冗長になる。

力のある資料は、読むだけで大切なことが伝わる。

テンコ盛り資料は、子どもに伝えたい内容（心臓部）が、ぜい肉に覆われてしまう。

賢い子しか読み取れない。

よい資料は、心臓部がすぐにわかる。よい資料の特徴は、描写が中心である。説明がない。

自衛隊災害派遣活動の資料を集めた。主に二つ。

一つは「**自衛隊が日本中から結集していること**」陸・海・空全てが連携しながら活動していること。あらゆる装備を駆使していること。それら一つ一つの情報は、膨大である。

その内容一つ一つを資料として配り伝えたら、二時間も三時間もかかるだろう。

そんなことをすれば、ほとんどの子は飽きる。しかも自衛隊が一丸となって取り組んだことは子どもに伝わらないだろう。

しかし、削りすぎて「全国の自衛隊が力を合わせて取り組みました」と説明すれば、子ども達はピンと来ないだろう。

短い時間で、子どもの心にストンと落ちる伝え方がある。

伝えたい内容を一枚のシートにして提示するのだ。

シートには、次の内容が盛り込まれている。
①日本地図、②全国自衛隊基地、③東北地方への矢印、④災害派遣装備の写真、⑤その台数、⑥それぞれの基地からの支援者数
これなら、一目でわかる。ビジュアルだから、イメージとして記憶に残る。「全国の自衛隊が災害派遣に結集した」ということが強く印象づけられる。

もう一つは「**被災地をさまざまな側面から支援する活動**」。これも膨大になった。「ありとあらゆる」という表現がぴったりだ。これも、一目でわかるようにシート化した。全部で三十項目。

シートに三十枚の写真を貼り、タイトルをつける。「瓦礫撤去」「避難民救助」「給食支援」など。

子ども達は、パッと見ただけで「こんなにたくさんのことをやってたんだ」と気づく。

膨大な資料から不要な言葉を削りに削ったら何もなくなってしまった。残ったのは、図と写真だけだった。力のある資料だ。

「文書資料を一枚のシートに変換する」このような道徳資料の作成法もある。

（2）力のある資料は、子どもの心をわしづかむ

中学生の心をわしづかむ絵本

私の友人に中学教師がいる。

日夜、生徒の指導に心をいためている。「なんとかしたい」と常に考え試行錯誤をくり返していた。

生徒指導・部活で疲れて帰ったある日、彼の目に飛び込んできたものがあった。奥様が、我が子のために買い揃えた数十冊の絵本だった。

突然ひらめいた。

これを中学生に読み聞かせようと。

それにしても、荒んだ中学生に絵本の読み聞かせなど誰が思いつくだろう。

ひらがなだらけの本を読んで聞いてくれる中学生がいるのか。

こんなのやる前から結果はわかっていると誰もが思う。

しかし、彼は、やった。

次の朝、一冊の絵本を教室で読み聞かせたのだ。

結果は驚くべきものだった。

教室は、シーンとなった。

ほとんどの子が、教師の手元の絵本を凝視した。次の日、別の絵本を読み聞かせた。

やんちゃなグループが体を彼に向けた。注意しないのに。

また次の日、三冊目の絵本を読み聞かせた。みんな彼が教室に入ってくるのを待っていた。絵本を開くのを待っていたのだ。

また次の日。四冊目の絵本。クラスのボスが、顔を向けた。

朝の読み聞かせは、毎日続いた。あれだけ荒れていた学級が不思議なほど落ち着いてきた。

教室の空気がしっとりしてきた。

「子どもに絵本を読み聞かせる」――これだけのことをして、学級が見事によみがえったのだ。

毎日、朝の会でお話を読むだけ。読むだけで終わり。

感想を聞くこともなければ、解説や話を追加することもない。

毎日一回、絵本を数分かけて読むだけ。それなのに、すばらしい効果が出てきた。

子どもの行動・姿勢が変わったのだ。子どもがしゃんとしたのだ。

童話・絵本は、古今東西の大切な生き方が込められた指針である。大事な生き方のエキスが毎日毎日少しずつ、子どもの中にたまっていく。

頭の中に、大切な生き方の回路が作られる。回路は、毎日毎日太く強くなっていく。

読み聞かせは、中学生にも効果があるのだ。

子どもをわしづかむ「力のある資料」

絵本と同じような力のある資料がある。

子どもの作文だ。

わたしのたんじょう日（井手内理香　六歳）
きょうは、わたしのたんじょう日です。お母さんに、あかちゃんのことおしえて、といったら、たいけんはっぴょうのテープを、きかせてくれました。わたしは、6かげつでうまれて8ぴゃく80グラムでした。あかむらさきいろで、あたまが、たまごぐらいで、ふとももが、かんごふさんの、こゆびぐらいで、しんぞうが、一日10かいとまっていました。のところをテープがいったら、お母さんも、わたしも、なみだが、べたべたでました。ごほんぞんさま、ありがとうと、おもいました。大きくなったら、目をなおしてくれたせんせいみたいになりたいし、ようちしゃのせんせいにもなって、たかはしせんせいと、はぎもりせんせいの、あかちゃんにべんきょうをおしえたり、おもらししたら、パンツも、かえてあげたいです。パーマのお手つだいもします。クツをあらうとき、お父さんと、お兄ちゃんのもあらってあげます。

『家族のあたたかい絆作文32選』明治図書

このような「心に響く」お話を、毎日教室で子どもに読み聞かせたい。

人としての大切な生き方が自然に備わる。

下手な道徳授業の何倍も効果がある。

(3)「力のある資料」の力を引き出す組み立て①「レーサーの授業」

力のある資料は、読むだけで大切なことがわかる。配布して教師が読み聞かせるだけで、わしづかみにされる。

それが、資料の力だ。資料の力は、増幅させることができる。

授業の組み立てである。

力のある資料に出会ったら、真っ先に考えるのは、「**資料を子どもに直撃させる演出**」である。

言い方を変えれば、「**子どもの中に資料の受け皿を作る**」ことである。

どういうことか。

例えば、レーサーの授業。

今から十年ほど前、「クラッシュ」という授業を作った。

日本のトップレーサー太田哲也氏が、瀕死の事故から這い上がり、復帰する資料である。

「クラッシュ」というのは、太田氏の著書名である。

本書は、厚さ三センチもある。

この圧巻の書籍から、キーセンテンスを抽出して道徳授業資料を自作した。読むだけで、心をわしづかみにされる。しかし、このまま資料を与えたら、資料の価値は、半減する。なぜか。

子ども達の中に、資料の受け皿がないからである。

レーサーという受け皿である。

レーサーを、多くの人はどのように思っているのか。

「派手な職業」「好きなことをしている」などネガティブなイメージである。

この認識を払拭しないと、クラッシュの資料は、子どもの心に届かない。

「好きなことをやって事故ったんだから仕方ないでしょ」ということになる。

だから、資料を与える前に、「レーサーという職業の権威づけ」をしなければならない。

授業の立ち上がりを次のように組み立てた。

①レーサーの写真提示
レーシングスーツに身を包んだ颯爽とした姿。レースクイーンに囲まれた華やかな様子。

これらの写真をスクリーンにフラッシュした。そして、問う。

「レーサーとはどのような職業ですか」→「派手な職業」「ちゃらちゃらしている」「女性に囲まれて楽しそう」予想通り。

②サーキット練習の写真

写真をフラッシュしながら、次のエピソードを読む。

「走るのが嫌になったことも数え切れないくらいあった。さまざまなプレッシャーに打ち勝つ方法は、たった一つ。他の誰にも負けないだけの走りこみ、練習こそが唯一最高の克服法である。年間二百日以上はサーキットを走る」

「レーサーとはどのような職業ですか」→「過酷」「大変」

③サーキット社会貢献

次の資料も読み聞かせる。

「効率的に速く走れるターボエンジンは、レースの中で、われわれが危険と背中合わせで走りこんで完成したものである。高速道路だってそうだ。どんな材質で路面が走りやすいか、カーブはどのくらいが適当かという大きな問題は、僕たちが走っている鈴鹿や富士のサーキットを参考にして作られている」

「レーサーとはどのような職業ですか」

「社会の役に立っている」「僕たちの安全のためにある」等々。

子ども達の中に、「レーサーとは、社会の役に立つ価値ある職業」という回路ができた。

これで、事故から復帰までのエピソードは、何倍もの威力で子どもの心をわしづかむことになる。

（4）「力のある資料」の力を引き出す組み立て②「ドレーズテスト」「無償の愛」

子どもに「えっ!?」と言わせたい。

いや、

「えぇぇぇぇ！」と言わせたい。

吃驚させるわけではない。

脅かすわけでもない。

予想を裏切る

のである。
なぜか。
資料に子どもの心をわしづかみさせるためである。
このような組み立ては、新卒の時からやってきた。
例えば、新卒三月に創った「命」の授業。
組み立てはこうだった。

【命の授業「ドレーズテスト」】
①首かせをされたウサギ提示
②何をしているのでしょう
③実験されている
④試験薬をかけられる→ひどい害を負う→死ぬことも
⑤実験に使われた薬品→安息香酸塩、エデト酸塩、オキシベンゾン、パラベン、ポリオキシエチレンラウリルエーテル硫酸塩、ポリオキシエチレンラウリルエーテル硫酸トリエタノールアミン
⑥こんなことする会社を許せるか。→許せない
⑦これらの薬品は、材料である。何の材料か?→?‥?
⑧シャンプー・リンスを提示
「えぇぇぇぇ!」となる。

授業の初め、動物実験に対して第三者だった自分が、当事者に引きずり込まれたのである。

この後、資料を配布し読み聞かせた。

動物実験「ドレーズテスト」の役目と様子が綴られている。

一人の例外もなく、資料を凝視している。

これらの組み立てをとっぱらい、最初から資料を配ったらどうなるだろう。数名の子は、最初から読むことを放棄するだろう。

また、予想と事実の振れ幅を大きくすることで、資料の力を増幅させることもできる。


【無償の愛】


三人のお母さんのエピソードをそれぞれ読み聞かせる
資料①　自転車の練習→公園で親子で特訓。お母さんは手伝ってくれない。大声で怒鳴るだけ。

「どんなお母さんですか?」

「厳しいお母さん」「ひどすぎ」

資料②　ピアノのレッスン→世界大会第三位の先生のレッスンをわが子に受けさせる。ピアノの英才教育をする。

「どんなお母さんですか?」

「自分の見栄のために子どもにピアノを習わせている」

資料③　買い物→必要なものは、子どもに決めさせる。子どもが「ほしい」と言ったものは、できるだけ買い与える。

「どんなお母さんですか?」

「子どもに甘すぎる」

その後、三人のお母さんの子どもを紹介する。

資料①　井上美由紀さん。生まれたときから全盲の女の子。お母さんは、この子が自立できるようにできるだけ手助けするのはやめようと決めた。

資料②　辻井伸行さん。今や世界的ピアニスト。彼も全盲。お母さんは、生まれたとき「この子がピアノに触れて少しでも心が豊かになるのなら」とはじめさせた。

資料③　浅井力也さん。脳性小児麻痺の画家。世界的コンクールで何度も受賞している。このお母さんは、生まれたときに決心した。「私がこの子の手足になろう」と。

資料を読みながら、子ども達は、思う。

「いろんなお母さんがいる。でも、わが子を思う愛は、みんな同じだ」と。

そして、さらに思う。

「私のお母さんもきっとこんな思いで育ててくれたんだ」と。

予想と事実の振れ幅を大きくする。

子どもの心をわしづかみする組み立てである。

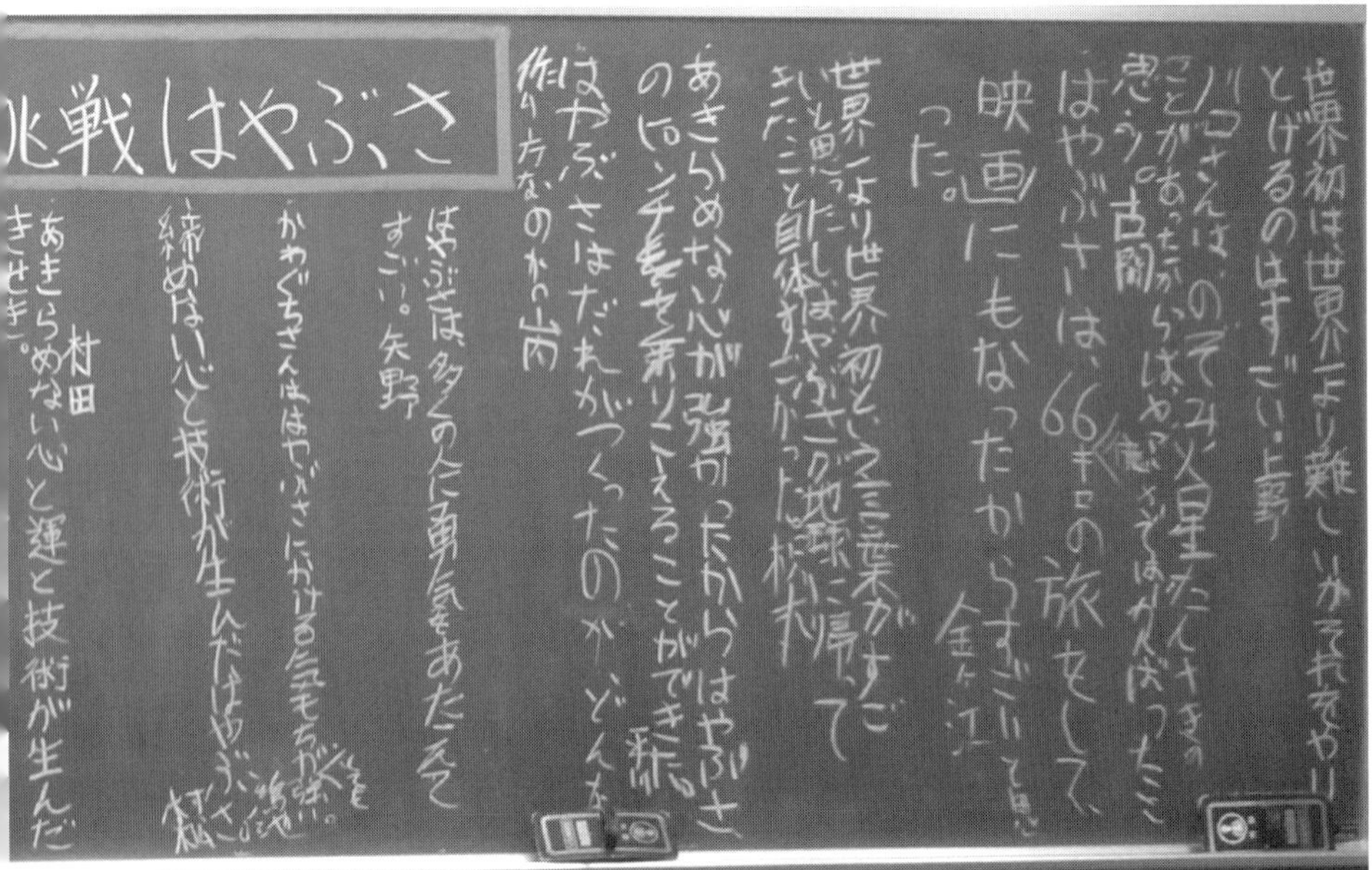

四　テレビ番組から授業を創る

「道徳ドキュメント」なるＮＨＫ番組がある。小学校高学年向けの道徳十五分番組。「これはいい」と甲本卓司氏（岡山県）から教えてもらった。

さっそく視聴してみた。

あの「はやぶさ」が題材になっていた。作り方が上手い。

これまでイメージしていたＮＨＫの教育番組と大きく違う。

六年生終了間際だったが、使わない手はないと思った。すぐに授業した。

授業の組み立ては、超簡単である。

1　総合ノートを出しなさい。
2　テレビを見ます。十五分です。
3　ノートにメモをしなさい。箇条書きです。
4　……子ども達、ノートにメモをする
5　感想を書きなさい。
6　発表

7　番組を見て、わかったこと、気づいたこと、思ったことを書きなさい。
8　黒板に書きなさい。
9　質問や意見があればどうぞ
10　……しばらく意見交換
11　授業の感想を書きなさい。ノート一ページです。
12　全員がノートを提出

シンプルだ。番組を見て、感想を書いて、黒板に書いて、意見交換をして、感想を書く。実にスムーズだが、結構盛り上がった。

盛り上がるための条件はある。

学級集団が、発言力、作文力、情報力を身体化していること。全ての教科にいえることだが。


学級参観をした上木朋子氏のレポートを紹介する。


番組を見ながら、ノートにメモをさせていた。番組を見た後、全員一つ、わかったこと気がついたこと思ったことを発表。さらに、「はやぶさ」についての情報のみの発表をさせた。「はやぶさ」についてとても詳しい子どもが、はりきって発言していた。

その後、感想をノートに書かせて、全員が板書。それを読む。それにしても、板書して発表するまでのスピードが速い。今日だけでも、国語、算数、社会、道徳と四時間とも、子どもが板書して発表している。一日にこのペースで、板書や発表をしているから、これだけ力がついているのだろう。やっていない学級との差は、かなり大きい。板書された友だちの感想を読んで、さらに思ったことなどを発表させた。友だちの感想を聞いた後の感想を書かせて指名なし発表。

最後に今日の授業の感想を一ページ書く。なんと、感想を三回書かせている。六年生の子どもたちが、これだけの作業をこなしてしまうのだからすごい。うまく学級経営を行っていなければ、させられない。下手に真似をしたら、反乱を起こされそうだ……。

五　生き方は感動にのせて子どもに伝える

（1）子どもが感動を覚える道徳授業の開発

道徳授業において、「感動」という要素は、手段であって、目的であってはならない。

道徳は、学習指導要領で、内容項目が定められている（一・二年生で十六、三・四年生で十八、五・六年生で二十二）。

その中に、感動という内容項目はない。

だから、「感動するからよい道徳授業である」とは限らないのである。

感動させるのが目的ならば、テレビ番組や映画を流せばよい。

しかし、テレビ番組や映画の垂れ流しは、道徳授業にはならない。

製作者は、「感動」を目的にしているからである。

乱暴な言い方をすれば、視聴者が感動さえすれば、内容はなんだっていいのである。

道徳授業は違う。

指導要領に定められた内容項目伝達を目的にして、組み立てられなければならない。

では、感動という要素は、道徳授業に必要ないのか。

必要である。

感動に乗せられた生き方は、子どもの心に強烈に響く。

これには、医学からの裏づけがある。

脳科学では、記憶はいくつかの種類に分けられる。

知識記憶……情報を機械的に覚える
経験記憶……体験を覚える
方法記憶……物事のやり方を覚える
記憶の持続は、経験記憶が最強である（方法記憶も強いが、記憶されるまでに時間がかかる。例：自転車の乗り方、はしの持ち方など）。

経験記憶は、一回で強烈に覚える。

失恋や受験失敗などは、忘れたくても忘れられないだろう。

経験記憶は、感情を伴うからだ。

楽しい、悲しい、悔しい、うれしいなどの経験は脳に深く刻まれる。

感動を伴った生き方は、脳に深く刻まれるのである。

感動は、道徳授業にとって強力な手段なのである。

さて、さきほど、「テレビ番組の垂れ流しは道徳授業にはならない」と述べた。

内容がさまざまあるからである。

しかし、道徳授業の資料にはなる。

しかも強力な。

実在の人物の生き方や実話は視聴者の心をわしづかみするパワーを持っている。

これを使わない手はない。

どうやって？

テレビ番組に含まれている道徳の内容項目をバラバラに分解して整理し、道徳教育に必要な部分だけピックアップすればよい。

私は、この方法でたくさんの道徳授業を創ってきた。

手順は、次のようになる。

①番組をパソコンに取り込む
②番組をパーツに分解する（一パーツ数秒。一時間番組で、百以上のパーツになる）
③道徳の目的にリンクするパーツを選ぶ（例えば、「人に役立つ」「命を大切にする」など）
④パーツを並べ替える

この方法でやれば、一つの番組から数種類の道徳授業ができる。

代表的なものを紹介する。

（2）「自分の命を大切にする」という観点から作った「たかし君」の授業

人の役に立つためにできること

「自分ができる人に役立つことを、思いつくだけノートに書きなさい」

笑う／何かを手伝う／挨拶をする／荷物を持ってあげる／道案内をする／目の不自由な人の手助けをする／ごみ

を拾う

人に役立つことをしている学級

「みんなと同じ六年生で人の役に立つことをしている学級がありました」

ある学級の写真を何枚か提示する。

「どんなことをしていますか」

子どもたち、写真を見て答える。

車いすを運んでいる／小さな子をおんぶしている。

「助けてもらっているのは、岡田貴嗣（おかだたかし）君です」

「たかし君は、生まれたときから心臓の病気でした。思いっきり走ったり、跳んだりはねたりすることができません。ほとんど車いすの生活でした。／小学二年生のとき、血液が脳にあまりいかなくて、脳の病気になってしまいました。命は取り留めたのですが、身体の右半分が動かなくなり、ほとんど左半分だけで生活しています」

「たかし君は、みんなに助けてもらって、どんなことを思っていたと思いますか」

お返しがしたい／うれしかった／ありがとう／みんなのおかげで楽しい。

人に役立ちたいと考えるたかし君

「もちろん、感謝の気持ちはたくさん持っていました。だけど、たかし君は、それだけではなかったのです」

たかし君のインタビューが流れる。

「人の役に立ちたい。やってもらってばかりだから、少しくらいはみんなに僕だってやってあげなくちゃなぁと思って」

「たかし君が、人の役に立つことってどんなことがあるでしょう。予想してノートに書きなさい」

空き缶やごみを拾う／うれしいことをたくさん話す／笑顔を見せる
「たかし君は、自分にできることを考えました。そして、担任の先生に提案しました。『先生、僕、右半分は動かないんだけど、左手で人形劇をしたい。人形劇をして、みんなを楽しませてあげたい。まずそこからはじめたい』先生は、みんなに提案してくれました。そして、人形劇の練習が始まります」

ＶＴＲが流れる。

「練習を、毎晩毎晩繰り返します。そして、本番を迎えます。人形劇がおわりました。人形劇をやり終えたたかし君は、次のように話しました」

「今までね、すっごいこのまま何の役にも立たずに、と思っていたのにねぇ、すっごいうつになっとったけどねぇ、そういうのがなくなる、何か大きなものが、もらえたみたいな感じがした」

「たかし君は、これをきっかけに、人に役立つことをもっともっとやりたいと思いました。そして、自分にできることを探しました。こんなこともしました」

たかし君の人に役立つ活動がながれる。

生き続けようとしたたかし君

「たかし君には、時間がきてしまいました」

ＶＴＲからお母さんの言葉が流れる。

「たかしは最後まで生きようとしました。……最後まですごく頑張ったのは、本当にほめてやりたいです」

二〇〇〇年十一月二十五日。病と必死に闘ってきた岡田貴嗣君は、この世を去った。

生き続けることが人に役立つ

「たかし君は、人に役立つことを始める前に『僕は何もできない』と思っていました。しかし、人形劇をやり、ウサギにえさを送り、いろいろなことをしているうちに、『あっ、僕が人の役に立つことって、このことなんだ』ということに気がつきました」

亡くなる前のインタビューです。

「生き続ければ、みんな喜んでくれて、励まされたり、みんなの役に立ってるんだ。人のために何かしてあげるんじゃなくて、生きてるだけで、もう、それをやってるのと一緒なんだ。『だからたかし君はこれからどうしようと思う？』**生き続けようと思うね**」

「たかし君について感想を書きなさい」

天使のような神様のような子で、生きることのすばらしさを伝えてくれたと思います／たかし君のように、人の役に立つ生き方がしたい／生きているだけで役立つんだなぁと感じました。

(3)「友達を大切にする」という観点から作った「たかし君」の授業

全く同じ番組から次のような授業も作った。

言葉を失った「たかし君」

映像から、ナレーションが流れる。

「**五歳の時に、心臓の筋肉が弱っていく難病に見舞われたたかし君は、二年生になっても、入退院を繰り返す日々を送っていた。そして、突然、意識不明に陥ったのだ。診断の結果、恐ろしい事実が彼を待っていた。心筋症だったため、子どもにはめったにないと言われる、脳梗塞を起こしてしまったのである。脳の血管がつまり、右半身が**

全く動かず、話すことすらできない。現代の医学では治るかどうかわからなかった。お母さんは、懸命の看護を続けた。だが、言葉を失ったたかし君には、回復のきざしも見られなかった」

たかし君のクラスメート

「たかし君がみんなの学級にいたら、どんなことをしてあげますか？」

ノートに書かせ、発表させた。

■手紙を書きます。

映像を流した。

「絶望的な状況の中、たかし君の回復を信じてやまない天使たちがいた。
岡田貴嗣君のクラス。
新川小二年一組の子ども達である。
そして、担任の土屋先生は、子ども達の千羽鶴をたかし君にとどけた」

奇跡を起こした友だち

友達の声を聞いて話し始めるたかし君。これには、医師もびっくり。

たかし君の作文

「病気が回復したたかし君は、作文を書きました」

映像を続けた。

「～ナレーション～たかし君は、なれない左手で作文を書いた」

たかし君自ら朗読する「友だち」という作文。

「二年生の時、ぼくは、のうこうそくになった。

声が出なくて、右の手足が全然動かない。

そしたら、先生が、クラスのみんなの歌とメッセージを入れたテープを持って来てくださった。

それを何日か聞いていると、突然声が出た。

きせきって本当にあるんだよ。

友だちっていいよ。

ぼくも友だちにやさしくしたい。

そして、友だちを大切にしたい」

六　最新社会事情から授業を創る

（1）子どもに伝えたいジョブズの生き様

スティーブ・ジョブズが永眠した。Ａｐｐｌｅ創業者にしてＣＥＯ（最高経営責任者）。ｉｐｏｄで音楽業界に革命を起こし、ｉｐｈｏｎｅで携帯電話の常識を破り、ｉｐａｄで生活スタイルを一変させたあのジョブズがこの世を去った。

もしも、彼がいなかったら、世の中は、退屈だったに違いない。二十一世紀の世界は、彼なしに語れない。そのくらいの影響を私たちに残してくれた。

彼が残してくれたものは、生活スタイルの変革だけではない。

彼の人生は、順風満帆ではなかった。いや、「波乱万丈」というのがふさわしい人生だ。

生い立ち、起業から経営、人間関係から健康面、あらゆる側面において壮絶だった。

こう書くと、悲壮感が連想される。そうではない。

彼は、常に未開の地に挑んだ。

彼が生み出した商品群を見ればわかるだろう。

ジョブズは、自分が置かれた境遇を精一杯楽しみ、大好きなことをしてきた。

他界した彼の人生を見渡すと、喜びに溢れていたように見える。

人生は楽しい！

彼に関する本からは、この言葉があふれ出てくる。

人生は、環境ではない。

自分の考え方、そして具体的な行動でいくらでも変えられる。

「ハングリーであれ、愚かであれ」と彼は言った。

スタンフォード大学卒業式の名スピーチの結びである。

スタンフォード大学のスピーチは、人生を楽しむためのエッセンスがちりばめられている。授業化したい。


【点と点をつなぐ】

未来に先回りして点と点をつなげることはできない。君たちにできるのは過去を振り返ってつなげることだけなんだ。だから点と点がいつか何らかのかたちでつながると信じなければならない。自分の根性、運命、人生、カルマ、何でもいいから、とにかく信じるのです。歩む道のどこかで点と点がつながると信じれば、自信を持って思うままに生きることができます。たとえ人と違う道を歩んでも、信じることが全てを変えてくれるのです。

【死について】

私は17歳の時、こんな感じの言葉を本で読みました。「毎日を人生最後の日だと思って生きてみなさい。そうすればいつかあなたが正しいとわかるはずです。」これには強烈な印象を受けました。それから33年間毎朝私は鏡に映る自分に問いかけてきました。「もし今日が自分の人生最後の日だとしたら今日やる予定のことは私は本当にやりたいことだろうか?」それに対する答えが「ノー」の日が何日も続くと私は「何かを変える必要がある」と自覚するわけです。

君たちが持つ時間は限られている。人の人生に自分の時間を費やすことはありません。誰かが考えた結果に従って生きる必要もないのです。自分の内なる声が雑音に打ち消されないことです。そして、最も重要なことは自分自身の心と直感に素直に従い、勇気を持って行動することです。心や直感というのは、君たちが本当に望んでいる姿を知っているのです。だから、それ以外のことは、全て二の次でも構わないのです。

Stay hungry Stay foolish. 貪欲であれ、愚直であれ。(News week 日本版　２０１１年10月19日号掲載)

(2) 子どもに語り継ぎたい日本のノーベル賞

ノーベル賞という単元構想

ノーベル賞をめざす子ども達を育てたい。

ノーベル賞受賞は、人類共通の大きな夢である。日本の子ども達に、壮大なスケールの夢を持たせたい。

ノーベル賞授与には、条件がある。それは、一言で言って人類を豊かにすること。自然環境と調和、国際紛争解決、経済的パニック回避等、人類が調和的に生きていける英知に対して与えられる。日本の子ども達に、巨大な社会貢献、国際貢献を目指させたい。

日本のノーベル賞受賞者は十九人。そのうち、十一人は、二〇〇八年以降の受賞者である。日本の頭脳が世界に大きく認められ始めた象徴であるといえる。将来、ノーベル賞という国際舞台で、他国の研究者と堂々と渡り合える子ども達を育てたい。

日本産ノーベル賞

日本出身の科学者がここ数年、立て続けにノーベル賞を受賞している。

二〇〇八年　南部陽一郎、小林誠、益川敏英、下村脩。二〇一〇年　根岸英一、鈴木章。二〇一二年　山中伸弥。

ゼロから日本で教育を受けて科学者になった人の業績が、国際的に高く評価された。

日本の教育が、世界基準から見ても高いレベルにあることを象徴する出来事である。

しかし、これらの事実を日本の多くの人は知らない。

マスコミで一時期話題になるだけで、あとは、忘れ去られる。

ましてや、学校教育でノーベル賞について取り上げ、それを羨望させ、目指させるという時間はない。

現在、日本は、基礎学力育成が最重要課題とされている。

と同時に、国際舞台で通用する学力（読解力、活用力）の伸長も望まれている。ノーベル賞は、国際舞台で通用する学力の究極目標ともいえる。これを子ども達に知らせ、理解させ、目標とさせる教育があれば、日本全体の学力向上にもつながるはずだ。

子ども達に語り継ぎたい日本のノーベル賞受賞者

ノーベル賞日本人受賞者は十九人である（南部陽一郎氏はアメリカ国籍を取得しており、公式にはアメリカの受賞となるが人数に入れている）。内訳は、物理学賞が七人、化学賞が七人、生理学・医学賞が二人、文学賞が二人、平和賞が一人。
ノーベル賞受賞者のエピソードは、成功哲学でもある。日本人受賞者の共通点で道徳授業の単元というか一分野を作っていきたい。
【読書経験豊富】湯川秀樹・父親が多趣味で家が図書館のようで本に囲まれて育った／福井謙一・ファーブル昆虫記が愛読書／小柴昌俊・中学担任からアインシュタインの本をもらう／鈴木章・家業が理髪店で客の出入りで家がうるさいときは屋根に登ってまで読書していた。登下校も読書。ついたあだ名が二宮金次郎
【挫折・苦労】湯川秀樹・京都大学で無給の副手という肩書で勤めていた／江崎玲於奈・中学受験に失敗している／小柴昌俊・小児麻痺で夢をあきらめる／白川英樹・幼稚園から大学まで1番になったことがない／朝永振一郎・病気がちであった
【失敗からの発見】白川英樹・ポリアセチレン作成の失敗から電気を通すプラスチックへ／田中耕一・別々の実験で使うつもりだったグリセリンとコバルトの微粉末をまぜてしまう

（3）「災害派遣」に見る自衛官の無私

二〇一一年三月十一日午後二時四十六分、東日本大震災発生。

真っ先に救助に向かったのは、自衛隊である。

自衛隊に救われた命は二万とも三万ともいわれている。

日本にもはやなくてはならない自衛隊というシステムを、教育の分野でもっと取り上げるべきだ。

危機管理システムを社会科で（指導要領には、自衛隊について明確に教える内容は見当たらない）。

世界に類を見ない「災害派遣」機関を有する国としての誇りを、そして自衛隊に所属する人々の心構えとエピソードを道徳で。

自衛隊には、「自衛官の心がまえ」がある（昭和36年6月28日制定）。

その中に次の項目がある。

1　使命の自覚
2　自由と責任の上に築かれる国民生活の平和と秩序を守る
3　責任の遂行

勇気と忍耐をもって、責任の命ずるところ、身をていして任務を遂行する。

自衛官は、これらの心がまえに沿って任務を遂行している。

私より公を優先する自衛官の姿は、子ども達に伝えるべき心の教育である。

こんなことを書くと、「滅私奉公」「軍国主義」などの非難があがりそうである。

「私より公を優先する」ことは、そんなにネガティブなのか。

国民すべてが公より私を優先したらどうなるか。

例えば、今回の大震災。

社会の秩序より自分のために行動する人ばかりだったら、国は混乱し騒乱するだろう。

社会の一員として、みんなのために、自分は、どう行動すべきかを教えることは絶対に必要なことである。

今回の被災で、多くの自衛官は、私より公を優先するというより、「無私」だった。

自らの持てる力全てを被災者救援・支援に捧げた。

これは、子ども達に是非とも伝えていくべきである。

航空自衛隊松島基地は、津波により甚大な被害を受けた。

そこに勤める隊員たちの中にも家や家族、友人を失っている人がたくさんいる。

しかし、家族のためにそこを離れる人はいない。

隊員総出で、滑走路の泥を掻き、基地内の装備品を点検し、すぐに被災地の支援に向かっている。

テレビで、松島基地の取材を見た。広報担当の自衛官が、レポーターを案内している。

一機何十億もする戦闘機が何十機泥にまみれ使用不能になっていた。災害派遣用のヘリコプターが津波で５００メートルも流され横たわっていた。

その説明をしながら、自衛官は泣き出してしまった。

「地震が起きた時、一機でも飛んでいれば、津波が来た時、上空を飛んでいれば、かなりの人をつり上げることができたと思うんですね。われわれは、そのためにいるのに、非常に悔しいものが……」

自分の命もどうなるかわからなかった状態からこの言葉が出てくるのだ。レポーターは、もらい泣きしていた。

私も込み上げてくるものがあった。

松島基地は、電気・水・ガスなどライフラインが完全に寸断されている。三月の東北は極寒だ。にもかかわらず、松島基地の隊員は、基地に勤務し周辺地域の救援に心血を注いでいる。

夜間は、隊員同士がくっつきあって暖をとる。夜は、寝ると言うのではなく、いかに寒さをしのぐかとのこと。

基地にあった暖房設備は、周辺地域に全て提供していた。

自分のことは省みず、全てを救援に注ぐ自衛官の姿を子ども達に是非とも伝えたい。

資料を集め、整理して授業を創るつもりである。

七　討論で創る道徳授業

（1）〝正義〟について討論しよう

二〇一二年『これからの「正義」の話をしよう』（マイケル・サンデル著、早川書房）が大ブレイクした。

「正義」という言葉に一番ぴったりくる教科は、道徳だろう。

しかし、〝正義〟は、相対的である。立場が違えば、正しい行為（選択）もまるで変わる。

だから実は、社会科の学習になじむのだ。

特に歴史学習には。

〝正義〟を軸にすれば、ほぼ全ての時代の指導者の行為を討論できる。

討論は、勝った負けたではない。

子ども同士の論争を経ると、学習内容に関するさまざまな要素が浮上してくる。

例えば、次のテーマ。

奈良の大仏づくり。人々は進んで参加したのか

討論をすると、次の内容を子ども達が探し出してくる。

①聖武天皇と時代背景
②大仏作りの困難さ

③行基
④正倉院宝物

○派、×派、それぞれ、次のような情報基盤の上に論を組み立てていた。

（○派）①伝染病流行、②経済不安定

（×派）①仏教信仰、②行基尊敬

子どもの意見

■進んで参加した。役人はお金を取り立てるが、行基は代わりにお金を払ってくれる。橋や用水路も作ってくれる。行基が来ると、村の住人全員が彼を拝むほどだ。その行基が大仏を作ろうと言ったのだから、進んで参加したはずだ。

次のテーマも、子ども達が当時の江戸時代の状況を浮き彫りにした。

幕府の女歌舞伎禁止に賛成か、反対か

討論を経た子どもの意見を紹介する。

■女歌舞伎禁止に賛成する。理由は、女歌舞伎は刺激的な舞台で風紀を乱した。そのため客の争いが絶えなかった。江戸幕府は、国をまとめるということが役割の一つである。風紀が乱れると国がまとまらない。だから、女歌舞伎をやめさせたんだと思う。

■当時の男尊女卑の価値観は、許せない。しかし、一方で男性が女性を演じる女形という歌舞伎文化が生まれた。現代という視点から見ると、禁止は評価に値する。

次のテーマも子ども達は燃えた。

大塩平八郎の乱に賛成か、反対か

■反対。幕府の役人なのに、自分の所属する組織にはむかったから。

■賛成。大塩平八郎の乱で、幕藩体制が弱体化していることがわかり、結果として明治維新に向かったことを考えれば、評価できる。

子ども達にとって難題だった〝正義〟のテーマもあった。

信長の比叡山焼き討ちは、よかったのか

■よくなかった。どんな理由があろうと、三千人もの人を焼き殺すことは、許されない。

■よかった。当時の僧侶は、武装集団だ。軍隊だった。だから、宗派同士の争いが絶えなかった。信長は、比叡山を焼き討ちすることで、それを断ち切った。日本から宗教戦争をなくした。大きな目で見れば、日本から無益な戦いをなくした信長の行為は評価できる。

歴史で〝正義〟を討論すると、時代背景が浮き彫りになる。

詳しくは、拙著『子どもが燃える河田流歴史討論の授業』『東大生に負けない小学生の〝ザ・ノート〟』（明治図書）をご覧いただきたい。

（2）討論で創る道徳副読本の授業

討論の授業とは

社会科の授業では討論を多用する。テーマは、「よかったのか?」「A、Bどちらがよかったのか」等の二者択一方式である。

子ども達は、討論を通して、学習の対象に対して多面的で立体的な内部情報を蓄積するようになる。単なる資料の丸写しではなくなる。

討論の授業は、実は、道徳にも転用できる。高学年に適した授業スタイルである。

授業例を紹介する。

討論で創る松井秀喜の授業

道徳の副読本に松井秀喜のエピソードがある。「見送られた二十球」と題されている。

二十年ほど前のエピソードである。

ストーリーを要約する。

松井秀喜五打席連続敬遠とは、一九九二年八月十六日、第74回全国高等学校野球選手権大会二回戦の明徳義塾高

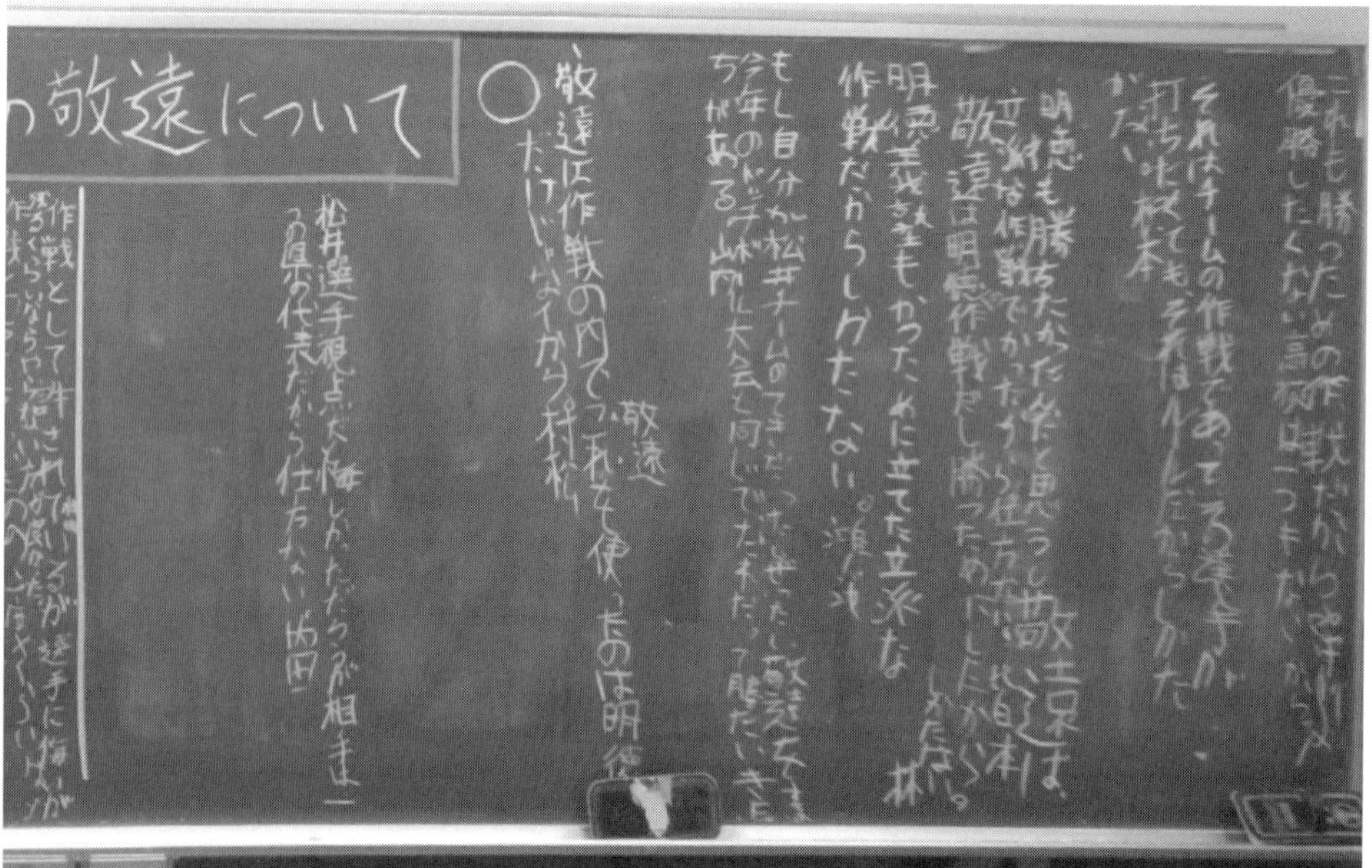

校（高知）対星稜高校（石川）戦において、明徳義塾が、星稜の4番打者・松井秀喜を五打席連続して敬遠する作戦を敢行し、この試合で松井が一度もバットを振らせてもらえないまま星稜が敗退した出来事である。

副読本は、この時の松井の態度をクローズアップしている。

また、松井がこのような姿勢になったきっかけの中学時代のエピソードも添えられている。

五回目の敬遠の瞬間。

この時の心境はどうか。

副読本の手引きは「甲子園の最後の打席で敬遠されたとき、松井選手はどんな気持ちだったでしょう」と問いかけている。

松井に聞かなければわからない問いである。

子ども達を敬遠の現場に近づけたいと思った。そのためには、人物の気持ちを問うのはナンセンスだ。

それよりも、五打席連続敬遠の是非を問うたほうがライブに近いだろう。

松井サイドだけでなく、明徳義塾サイド、観客サイド等々の視点から。

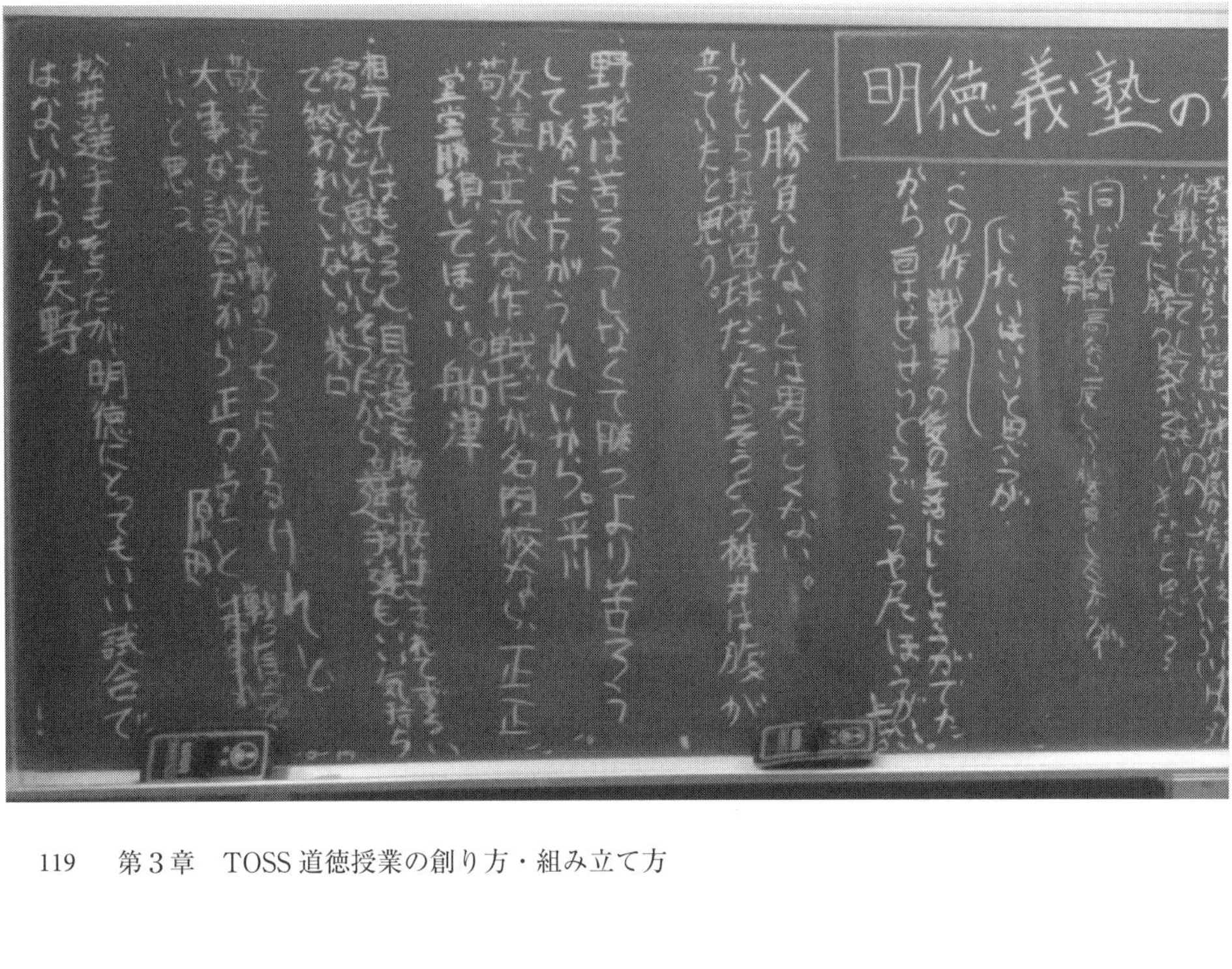

討論が効果的である。

資料を読んだ後、子ども達に問うた。

五打席連続敬遠は、すべきだったのか？

半々に分かれた。

黒板に意見を書いた。○派、×派で意見が明確に分かれた。
○派：勝負である。立派なルールなのだから。
×派：正々堂々とすべき。敵も味方もいいことがなかった。

それぞれの立場

「松井選手への五打席連続敬遠は、すべきだったのか」というテーマで討論をした。

子ども達の立論の足場は、副読本資料だけである。これだけでは、弱い。感情論のせめぎ合いで終わってしまう。

野球のルールを知らない子は、特に。

ルール、立場、状況……等々、さまざまな側面から検討しなければならない。それぞれの側面のバランスをとるために、副読本以外の資料も提示した。

要約して紹介する。子ども達には、インタビュー記事を印刷して配布した。

【馬淵史郎監督コメント／明徳義塾】松井への全打席敬遠は私が指示した。（中略）高知県代表として初戦で負けるわけにはいきませんから。負けるための作戦を立てる監督は誰もいない。

【山下智茂監督／星稜】明徳には高校生らしく、正々堂々と勝負してほしかった。

【松井秀喜】応援して下さった皆さん、ありがとうございました。

【この試合後の明徳義塾】試合後の明徳義塾の宿舎には、抗議や嫌がらせの電話と投書が来た。二回戦は、練習試合で全勝していた広島工業に負けてしまう。

その他、野球解説者や専門家のインタビューもプリントして配布した。

事実を題材にした討論は、できるだけたくさんの資料があった方がよい。一部の資料を用いた討論は、誘導になるからである。「たくさんの資料を提示して、子どもに判断させる」が討論の原則である。

さて、子ども達は、たくさんの資料を読み込みながら討論を続けた。

野球を全く知らない子が、資料を読み進めるうちに、「勝つためには仕方ない」という考えに変わった。

一方、明徳義塾のその後の資料を読み進めて「すべきではなかった」という立場に変わった子もいる。

資料の少ない討論は、薄っぺらになる。資料の多い討論は、さまざまな意見が出てくる。

松井の現在

YouTubeで、二十年を経た松井選手のインタビューを発見した。

討論のあと、子ども達に見せた。松氏選手は、その中で星陵のピッチャーについて次の感想を語っている。

「ありがとうと言いたい。ぼくは、あの時、勝負されて打てなかったかもしれない。敬遠は、ぼくを認めてくれていたということだ。もちろん当時は悔しかった。しかし、今では、あの時の経験に感謝してる」

討論を経た作文

討論をしたら、作文を書くことを原則としている。

今回も書かせた。全員が原稿用紙二枚程度の量を書いた。

副読本の資料を読んで書く感想ではここまで書けない。

一部紹介する。

「明徳義塾の敬遠はよかったのか？　松井選手に打たれると思ってやったことだから、いい作戦だ。明徳義塾も勝ちを目指してやったことだから、仕方がない。しかし、後で、資料を読んで、×に変わった。星陵の監督も『正々堂々と勝負してほしかった』と言っていた。だから、松井選手はもちろん、明徳にとってもいい試合ではなかった。松井選手は知っているが、高校の時にあんなことがあったことは初めて知った。明徳義塾のこと、松井選手のこと、討論を通して、さまざまなことがわかった。その上で、改めて、当時の松井選手の態度はすごいと思った。私も冷静に判断し行動できる人間になりたい」

八　保護者と共に創る道徳授業

保護者とのやりとりが新たな授業を創る

授業実践「安易な動物愛護を乗り越えて」

討論の授業を行った。

化粧品やシャンプーなどを作るために動物実験が行われていることへの賛否についてだ。

学級通信に残した実践記録を紹介する。


生命が一つしかないことはわかっています。

全ての動物を大切にしなければならないことも周知のとおりです。

社会規範の欠落した子ども達がマスコミを賑わせている昨今ですが、我がクラスの子どもたちはこのような規範意識をきちんと持ち合わせています。これは、胸を張って言えます。

この前提に立った上でなお、子どもたちに考えてほしいことがありました。

人間の社会生活は、多くの動物の生命の上に成り立っている。

これです。この事実をしっかり踏まえた上での動物愛護であってほしいと思い、道徳授業を実施しました。

少し長くなりますが、紹介します。

「動物の写真を見せます。何の動物かわかったら手を上げましょう」

スマートボードに①の画面を写しました。


「ウサギ?」「カンガルー?」などのつぶやきが聞こえます。

すぐに手が挙がりました。

「ウサギです」

シルエットをオープンしました。

「ウサギは、何をしているのでしょう?」

「えさを食べています」「仲良く並んでいます」「くっついています」など楽しい声が聞こえてきました。

「ウサギは、こんな様子です」

さらにシルエットをオープンしました。

「ゲッ!」「何これっ?」という声が聞こえてきました。教室がざわめきました。

「ウサギは、何をしているのだと思いますか?」

「首を絞められている」「毛皮をとられようとしている」「実験されている」などの声が聞こえてきました。

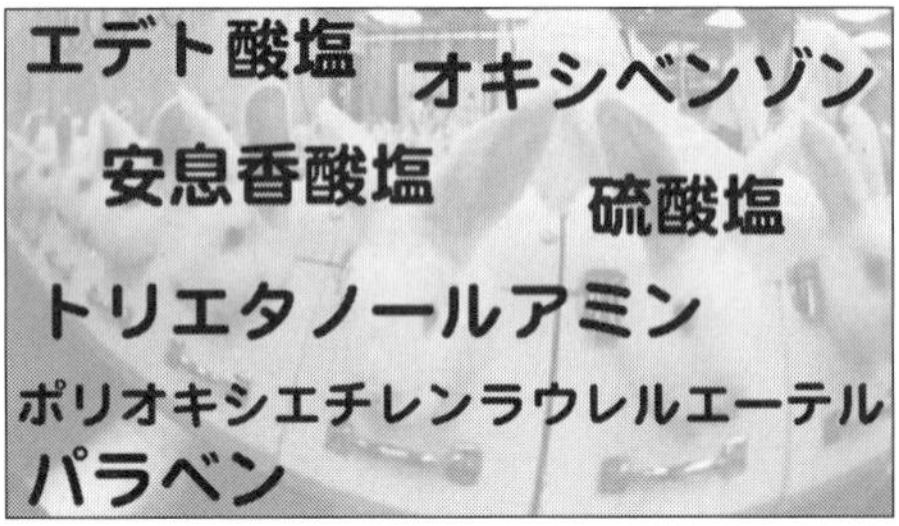

「そのとおり。ウサギは、実験されているのです。首が動かないようにして、目に薬品をかけられているのです」
「このような化学成分を調べるために、実験されているのです」
教室がシーンとしました。

このような実験をしている会社があります。
このような会社を許せますか？　許せませんか？

全員が、「許せない」に手を上げました。
理由を聞きました。

「こんなにかわいいウサギたちを実験台にするなんてかわいそう」「こんなにたくさんの薬品をかけるなんて、ウサギはとても苦しかったと思う」

発表が途切れたので、次のように言いました。

「ところで、これらの薬品を全部混ぜると、ある製品ができます。何だと思いますか？」

↓「殺虫剤」「薬」「薬品」など出ました。

そこで、下の画面を見せました。

「えっ？」教室が一瞬シーンとしました。

次の資料を配布し、読み聞かせました。

ある化粧品会社の動物実験研究室を写した写真には、首かせをはめられたウサギがずらりと並んでいた。白衣を着た研究者が、ウサギの目に薬液を注ぐ。その薬液によってウサギの目が白濁したり、極端なものは目が溶けて形がわからなくなってしまう。

これが悪名高いドレーズテストといわれるもので、一九五九年にアメリカの実験医学者ドレーズによって考案されたものだ。ウサギには涙腺がないため、目に入った異物を洗い流すことができない。そのため、ウサギの目に注がれた薬物が強いものであると、角膜が白濁したり、溶けたりし始める。ウサギの目にそういう反応が現れた化合物は、シャンプーやローション、美肌剤、化粧品などに使うと危険だということで、製品開発の際、とり除く。

つまり、ウサギの目をつぶす実験は人間の美容や衛生用製品の安全度をテストするためのものなのだ。年間三十万匹を超えるウサギが、化粧品や農薬、化学薬品などの開発をすすめる企業や研究所で使われ、このうち二十万匹はドレーズテストに使われているとみられる。

「感想を書きなさい」

三分後、発表させました。

子どもたちは、次々に立って発言をつないでいきました（しかし、子どもたちはよく発言するようになりました。四月のころに比べると、格段の向上的変容です）。

◆今の話を聞いて、できればこんな実験をしなくてすむものが使いたいです。

◆私は、最悪だと思います。あんなかわいいウサギが、こんな悲惨な実験に使われるなんて、私はいやです。

◆人間のために、実験材料に使われるなんてかわいそうです。

◆本当にウサギでなくてはだめなのか。もし生き物でないものでもできるのならそちらにしてほしい。

◆私たちの衛生用製品の安全度をテストするために、ウサギの目をつぶすなんてことを知ってビックリしました。人間は残酷だと思いました。

◆ドレーズテストは恐ろしいものである。

◆人間への危険性を確かめるために、ウサギの目に液を入れるのはかわいそうだと思いました。

◆替わりの方法があるのか知らないけど、こんな実験を命のある動物にするのは止めた方がいいと思いました。

◆私が普通に使っているシャンプーなどで、ウサギたちがこのようなかわいそうなことになっていることを知ったとき、どうにかできないかなと思いました。

◆ぼくも、シャンプーを使っていると思ったら余計恐ろしくなりました。

◆この実験を行っている研究員たちはとても残酷。

◆とてもかわいそうだと思います。目の中に薬液を入れられて目が溶けていくなんて。

◆安全の確認をするのはいいけど、ウサギがかわいそう。

◆人間のための衛生用製品なのに、何十万匹のウサギの目を使うなんてとても怖いと思いました。

◆人間のために目をつぶすなんて、人間は残酷だと思いました。
まだまだ、発言は続きそうでしたが、一旦切りました。そして、言いました。


もう一度聞きます。

このような実験をしている会社を許せますか？


全員が「許せない」でした。

この実験がシャンプーのためだと知っても「許せない」というので、さらにつっこみました。

「自分が使っているシャンプーの名前を知っていますか？」

全員が知っていると言いました。一人ひとりに聞きました。

「メリットです」→「メリットもドレーズテストでできました」

「スーパーマイルドです」→「それもドレーズテストでできました」

「椿です」→「それもドレーズテストでできました」

「洗剤で洗えばいいじゃん」という意見をいう子がいました。

「洗剤も当然、人体への安全性を考えて作られていますからドレーズテストは通過しています」

選択肢を少し変化させて再度聞きました。


このような実験をしている会社は、仕方ないですか？

それでも許せませんか？

半々に分かれました。

そこで、二十分程度の討論をしました。

「自分たちが使っている」「使わなくてもいいのか」「替わりの方法があるんじゃないか」「会社もやりたくてやっているんじゃない」などの話題で討論は白熱しました。

討論終了後、次の資料を配布しました。

動物実験についての化粧品メーカーの考え
※代替法：動物実験に変わる方法のこと
M社：動物たちの生命はとても大切なものです。その生命の尊さに劣らない有意義な科学データを出すように心がけています。人類の科学の進歩のために、動物を使わざるを得ない場合もあり、その動物のおかげで私たち人間は多くの恩恵を授かっております。動物実験を実施する研究者は絶えず動物の生命の重みを感じながら試験をしなくてはいけませんし、実験動物の苦痛削減、使用動物数を減らすことを常に念頭におき、実験を行っております。当社の対応について、ご理解のほどお願い申し上げます。
K社：人体への安全性を担保することが第一と考えております。従って完成された代替法があれば積極的に取り入れて参ります。
P社：今後も動物実験に代わりうる代替法研究を積極的に進めると共に、社外で動物実験に代わりうる代替法が開発された際には、積極的に導入し、早期に代替法による安全性評価を実施する方針です。
K社：商品において第一に消費者の安全性の確保が大事であると考えています。実用に足る代替法であれば、積極的に利用していく方針です。今後も代替法開発に前向きに取り組んで参ります。
※資料は、以下化粧品メーカーが数社続きますが、割愛します。

この授業を通して子どもに伝えたかったことは、次のことでした。

みんなは、ウシやブタや魚の肉を食べていますよね。それだって、動物の命を奪っているのです。動物に命をいただいているのです。この実験だって、私たちはウサギの大切な命をいただいて身の回りの清潔を保っているのです。先生は、今日の道徳で、今日の討論で、みんなに『私たちの生活は、たくさんの動物の命の上に成り立っている』ということに気づいて欲しかったのです。許せる派の人も許せない派の人もそれぞれの立場で、いろんな考えを出し、それぞれの角度からそれについて考えてくれたと思います。私たちは、目に触れる動物だけをかわいがるのが動物愛護だと考えがちです。が、このような私たちの犠牲になっている動物たちがいることもしっかり覚えておくことが大切なのです。


宿題で、授業の感想を書かせました。

子ども達の感想から、私の意図が届いていることがうかがわれました。

それにしても、子どもたちは本当に真剣に討論をしました。

この日は、ちょうど授業を参観にこられた先生がいたのですが、子どもたちはほとんど意識することなく論争を展開していました。

その証拠に、授業の感想に先生方がこられたことを書いている子は一人もいませんでした。

このような討論の凛とした空気が私は好きです。

子どもたちの目が輝いていました。それにしても、どの子もずいぶん成長しました！

子ども達の感想を紹介します。

【道徳：ドレーズテストの授業の感想】

【子ども1】今日の五時間目に、ドレーズテストを許せるかという授業をした。ぼくは、許せない。ドレーズテストをするために、ウサギを使うなんてひどいと思うし、もしかしたら、ウサギが死ぬかもしれないから。最後は、ドレーズテストをしてシャンプーを作るか、ドレーズテストをしなくて体を洗わないかの討論をした。ぼくは、仕方がない方を選んだ。体を洗わなかったら、くさくなったりするから。

【子ども2】私の今の考えは、仕方がないと思います。理由は、ウサギはかわいそうだけど、シャンプーがないと体が不潔になるので仕方がないと思います。せっかくウサギが犠牲になってくれているのだから、ウサギに感謝して使ったほうがいいと思います。ウサギの犠牲をむだにしてもいいのですか?

【子ども3】ぼくは、この授業で許せないと思った。ウサギを固定して目に薬品を入れていて、ウサギを殺して、シャンプーを使っている。討論して、聞いてみると、「仕方がない人：24人」「許せない人：９人」でした。いくら人数が多くても許せませません。

【子ども4】井上さんのようにロボットを使ってやったらいいと思います。私は、この授業を受けて、毎日シャンプーを気軽に使っているけど、動物（ウサギ）の命を犠牲にしているのだから、気楽に使えないと思いました。

【子ども5】私は、今日、初めてシャンプーや洗剤を作るのに実験体としてウサギが使われるのを知りました。私は、今まで何の思いもなく、ただシャンプーなどを使っていたけど、動物に感謝しながら使おうと思いました。母によると、アスカという会社は、自然のものを使っているので、動物で実験していないそうです。私は、これを聞いて、全部の会社がアスカみたいに自然のものを使うといいなと思いました。動物を使わなくても、実験できるものが開発されたらいいなと思いました。

【子ども6】私は、ウサギは人間のせいで、目が見えなくなったりしてすごくかわいそうです。しかも、仕方ないと言っている人がいて、私は、そっちのほうが許せないです。どうしてウサギを殺すことを仕方ないとか言うのでしょう。確かに仕方ないのかもしれない。でも、ウサギだって、私たちのように一生懸命生きているんだから、もうちょっとウサギのことも考えるべきだと思う。

【子ども7】私は、仕方ないに変えます。運動したとき、汗が出ると、水ではおちません。シャンプーで洗うときれいになるから使わざるを得ないと思います。

【子ども8】私は、ドレーズテストをウサギでするのはしかたがないと思う。初めはウサギは何も悪さをしていないのに人間の自分勝手で殺すのはよくないと思って「許せない」の方だったが、先生が「シャンプーやリンスを使わないのですね?」と言われたので、そう言われてみれば、仕方ないと思った。かわいそうだけど、ウサギにこの実験をしてもらわないと、人間が死んでしまうかもしれないのでやっぱりしょうがない。これからは、ウサギに感謝して頭を洗おうと思った。

保護者からの便り

実践を学級通信に載せたところ、保護者から丁寧なお手紙を頂いた。

化粧品会社に勤めている保護者の方からだ。

当事者だからこそ持っている正しい情報を教えていただいた。

良くも悪くも事実をすべて学級通信に載せる。

学級を晒す。授業を晒すことが、新たな実践を生み出すことになる。

以下は、そのときの学級通信である。

子どもに、正しい情報を提供する。

学級通信マキシマム№70~73について、保護者の方からご意見をいただきました。

№70〜73は、〝安易な動物愛護を乗り越えて〟をテーマに製品安全テスト〝ドレーズテスト〟の是非をめぐる子ども達の討論と作文を紹介するシリーズでした。

ご意見を下さったのは、Aさんのお母さんです。みなさんご存知と思いますが、Aさんは、資生堂にお勤めです。今回のテーマに極めて近い位置にいます。当然、ドレーズテストはご存知です。そして、その是非をめぐる問題、世界の状況、日本の状況についてもその動向を現在進行形で見守っておられます。

河田先生

いつもお世話になっております。

このような手紙を書いたのはマキシマム70、71、72、73を読ませて頂いてから今日までずっと悩んだのですが、先生が子どもたちに教えたかった「人間の社会生活は多くの動物の生命の上に成りたっている」の中にも、私から見れば足らなかったものが(コトが)あるからです。

私は高卒でずっと今まで16年間資生堂に勤めています。自分の会社を誇りに思っているし、資生堂の商品を愛用してくださっているお客さまにはいつも感謝していますし、ずっと大切にしていきたいのです。

でも、先に述べたマキシマムを読んだだけでは、すべての化粧品会社がまるで好きこのんでそのドレーズテストを行っているかのようにしかうけとれません。

Aさんの真剣なお便りを拝読して感動しました。

そして、当事者だからこそ持っている正しい情報を、子ども達、そしてこの学級通信の読者の方々にも知っていただきたいと思いました。Aさんに、お手紙掲載のお願いをしたところ、お返事をいただきました。

昨日は、有難うございました！　お手紙を書いたものの、正直少し後悔……というか、先生に言わなくていいことを言ってしまった気持ちになり複雑な気持ちのまま昨日は過ごしました。でも先生からのお便りを受け取り嬉しかったです‼　悪い印象が残るだろうな……と思っていたから本当に嬉しかったです。あの内容を受け入れてくださって有難うございました‼　学級通信の件は、もちろんOKです。匿名でなくて大丈夫です。こういうこと、誰がいってるの？と思われるのは反対にきついです……。わたしは自分の大好きな仕事をさせてもらっている会社を誤解されたくないし、一番は子どもたちにきちんと知ってほしい内容だから問題ありません。大歓迎です‼　とり上げていただけるなんて、本当にうれしいです‼　ありがとうございます‼　それでは今日も美しい女性を増やしに行ってきます‼

お便りをご紹介します。Aさん、ありがとうございます！

学級通信へのご意見・ご感想をいただき、感謝の気持ちでいっぱいです。

先生が子どもたちに教えたかったその中に、その許せる許せないは別として、ドレーズテストは、日本では「厚生労働省が義務づけている」ということを伝えて頂きたかったのです。

なお、EUなどでは「動物実験」をして開発した商品は販売を認めない方向で法改正が進んでいる……ということ。

資生堂はグローバル企業として、もちろん同じ方向に進んでいるのです。

以上が、私がこの子たちにもうちょっと話して頂きたかった内容です。

差し出がましくて申し訳ございません。

ただ、子どもたち、そして保護者の方々にも、正しいこと、なぜドレーズテスト……なのかを知って頂きたかったのです。夫には反対されましたが私の気持ちが許せなかったので書かせて頂きました。乱筆乱文お許しください。

Aより

第4章

「河田孝文授業実践」を紐解く

一　一つの授業を進化させる「無償の愛」

ピアニストなら、誰もが出場を憧れる世界最高レベルのピアノコンクールがある。

ヴァン・クライバーン国際ピアノコンクール。

その大舞台で、日本人・辻井伸行氏が優勝した。

二〇〇〇年、私は、辻井氏を題材にした道徳授業を作った。

当時は、「辻井君」と呼んでいた（世界的なピアニストに成長した今、「辻井君」なんて軽々しく呼べなくなった）。

母親の「無償の愛」をテーマにしたその授業は、多くの人から支持され、今でも全国の多くの学級で実践されている。

辻井氏が輝かしく成長したことを機に、授業をリニューアルして再提案する。


【無償の愛】

一　三人のお母さん

■三人のお母さんを紹介します。一人目のお母さんです。

母と二人で自転車に乗る練習をしました。私は、てっきり母が荷台をもってくれるものだと思っていました。ところが、母は公園のベンチに座って大声でしかるだけです。私は、自転車ごとたおれてしまい、ひじやひざから血がふき出しました。でも、母は知らん顔です。ベンチのほうから「はやく起きなさい」と怒鳴るだけです。やっと起き上がってもひざが痛くて自転車を起こすことができません。それなのに、母はベンチに座ったまま、なんだかんだ怒鳴るだけです。何度も何度も転んで、ひざからひじからすりむいて血だらけです。それでも母は助けに来てくれません。

■どんなお母さんですか。

・厳しいお母さん。

・ひどいお母さん

■二人目のお母さんです。

息子は、七歳の春、ウィーン留学から帰国した先生にピアノを習うことができるようになりました。先生は、国際コンクールで四位になるほどの実力者です。息子は、超一流の先生のレッスンを受けることができるのです。ピアノの道を進むことが、私達親子の生きていく証だと思えるのです。

■どんなお母さんですか。

・教育熱心なお母さん

・自分の見栄のためにピアノを習わせているお母さん。

■三人目のお母さんです。

小さいころから、よくデパートやスーパーに遊びに連れて行きました。洋服や靴下などは、子どもでも好みがあります。だから、自分がほしいものを自分自身に選ばせていました。また、子どもはいろいろなものをほしがります。私は、「ほしい」というものは、できるだけ買い与えていました。デパートに絵の具セットが並んでいたときも、せがまれて買ってやったことがあります。

■どんなお母さんですか。

・子どもに甘いお母さん。

・甘やかしすぎのお母さん。

■いろんなタイプのお母さんがいますね。

■さて、今紹介したお母さん。その子どもはどんな人でしょう。

■最初のお母さんの子どもです。

井上美由紀さん。美由紀さんは、体重わずか五百グラムで生まれてきました。超未熟児でした。頭の大きさは卵ぐらい。身長は、ボールペンと同じ。太ももは大人の小指くらい。五本の指はつまようじ。はじめてわが子を見たとき、お母さんは心の中で叫びました。「こんなに小さく生んで、ごめんなさい」お医者さんが来て、さらに言いました。「おかあさん、美由紀ちゃんの目は、ものを形として見ることはできないでしょう」お母さんは、体の震えと涙が止まらず、一晩中泣き続けました。そして、夜明けに思い直しました。「美由紀は、心臓だって肺だって完全でないままに生まれて、それでも必死に生きようとしている。親の私がこれでどうする。明日、病院に行ってももう泣かない」そして、お母さんは決めました。「この子をすぐに手助けするのは止めよう。いつも母親を頼りにするくせがつく、行動するのを怖がるようになってしまう。多少のことは平気な子に育てよう」と。最初に転んだとき、あっ、助けてやりたい。よしよしってあやしてやりたい、と思ったけど、ぐっと歯を食いしばってがまんしました。

■二人目のお母さんの子どもです。

辻井伸行君。伸行君は、ピアニストです。伸行君のピアノは、モスクワ音楽院の教授が絶賛するほどの腕前です。伸行君は、目の不自由な人の中ではまちがいなく世界一です。そう、伸行くんは生まれたときから目が見えません。お母さんは、言います。「伸行の目に障害があるとわかったとき、大きなショックを受けました。夢ならさめてほしい。人知れず、涙を拭う日々がしばらく続きました。でも、伸行のかわいい笑顔を毎日見るうちに変わりました。かわいい赤ちゃん。前向きで行くしかない。私ががんばらねば。〝障害児だから障害児らしく〟ではなく、〝伸行だから伸行らしく〟成長してほしい。私の役割は、その「らしさ」を見つけてあげることだ。伸行は、一歳半の時、ピアノにものすごく興味を持ちました。一日中ピアノから離れず、鍵盤をたたき続けていました。伸行の「らしさ」はこれだ！と気づきました。伸行を音楽家に育てるつもりなどないけど、音楽にかかわって彼の心が豊かになるのならそれだけで十分だ。伸行をピアノの道に進ませることにしました。

■三人目のお母さんの子どもです。

浅井力也君。力也君は、画家です。ハワイ美術院展入選、日本総領事賞など数々の大きな賞を受賞しています。教科書の表紙にもなりました。作品展に訪れた人の言葉です。「入場した瞬間に〝生きている〟ことを感じて涙があふれました」「私は、美術学校出身ですが、人の作品を見て涙したのは三十九年間生きてきて初めてです。すばらしい感動をありがとう」たくさんの人々に感動を伝える力也君とは、どんな人でしょう。

力也君を生んで退院のときに、お医者さんからお話がありました。「お母さん、残念ですが、力也君は脳に障害があります。ですから、普通のお子さんのように成長するとは考えないでください」えっ？　耳を疑いました。「でも先生、脳にはたくさんの神経細胞があるわけでしょう。だから、少しくらいダメな部分があっても、それを助けてくれる働きがあるのではないですか」お医者さんは言いました。「一番大切な部分が死んでいるのです。生きていくことさえ大変になるでしょう」目の前が真っ暗になりました。でも、すぐに決めました。「私が力也の死んでしまった脳の代わりになろう」と。以来、力也君からかたときも離れず毎日ソファーに枕と毛布一枚ですごしました。服はそのままで横になりました。大きな病気を何度もしました。これでこの子は死んでしまうのかもしれないと何度も思いました。

■お母さんは言います。

「力也は、十分に食べ物をかめません。だから、私の口でかみ砕いて食べさせていました。唾液が混ざると消化がよくなるのです。でも、人の口は、ばい菌がたくさんいます。どんなに歯を磨いても完全ではありません。私の口のばい菌が力也にうつったら大変です。私は、歯を全部抜くことにしました。普通は時間をかけて一本ずつ抜くらしいのですが、私は一度に全部抜いてもらいました。時間をかけて抜いている間に、力也に何かあったら大変です。反対するお医者さんを説得して抜いてもらいました。その日は、出血が多くて貧血状態になりました。顔は風船のようにパンパンにはれました。一晩たって起きてみると、枕のカバーが血でベットリと濡れていました。顔のはれが引くのに、何週間もかかりました。でも、後悔なんてありません。力也のために少しでも役立つことでしたら、母親としてできることはどんなことだってできます。

■三人のお母さんの話を聞いた感想を書きなさい。
シーンとした時間が流れた。
ハンカチで目頭をおさえている子もいる。
・初めは、どれもひどいお母さんと思っていたけど、実は、どれも自分の子どものことを心から思っているんだということがわかった。
・三人のお母さんの生き方に感動した。どのお母さんもタイプは違うけど、自分の子どものために一生懸命なんだということがわかった。
・三人のお母さんはすごい。自分の子どものために歯を全部抜くなんて、自分にはできるだろうか。
・自分のお母さんは、ここまでぼくのことを考えて育ててくれたのかなあって思った。
・自分のお母さんは、三人のお母さんとはどれもタイプが違うけど、きっと自分のために一生懸命育ててくれたんだろうと思いたい。
三人の母親を通してさまざまな感想が出てきた。予想通り、自分の母親と重ね合わせて聞いている子もいた。
■この三人のお母さんと、みなさんのお母さんと、どちらが一生懸命子どもを育てていると思いますか。
三人のお母さんは特別なのでしょうか。

みんな、こちらを向きなさい。
自分のお母さんを思い浮かべてごらんなさい。
お母さんは、赤ちゃんにおっぱいをあげます。

おっぱいは、お母さんが食べたものの栄養でできています。

それを一日に六回もあげます。

自分のための栄養も赤ちゃんにあげているのです。

だからお母さんは、歯が悪くなったり、肌が荒れたり、病気にかかってしまうことさえあります。

それなのに、赤ちゃんに「少しにしておくのよ」なんていうお母さんはいません。

「これだけの母乳だと一日いくらになる」なんて計算する人もいません。

元気よく飲めば、それだけで安心します。

毎日毎日お風呂に入れ、汗水たらして丁寧に丁寧にからだをあらいます。

夜中に起きてオムツを替えます。

他人だったら感じる「汚い」「くさい」なんてことも全く気になりません。

風邪をひいて鼻水がつまると、赤ちゃんは自分でどうすることもできません。

そんなとき、お母さんが口で吸い取ってやるんです。

病気になれば、心配で心配で一晩中寝ないで看病します。

赤ちゃんを抱いて夜中にお医者さんを探し回ることだってあります。

もう忘れてしまっているのですが、ここにいるみんな、一人の例外もなく何百回も何百回もそうしたことをして育ててもらいました。

先生もそうやって育ててもらいました。

でも、そのお返しをお母さんは何も期待しません。

■美由紀さんのお母さんからの手紙です。

幼いころからきびしく育てられ、お母さんを鬼のように思ったこともあったでしょう。

それを知りながら、それでもきびしく育てたのは、あなたが大人になってから強くたくましく生きてほしいからでした。

自転車の練習のときも、助けてあげたいと、何度ベンチから立ち上がったかしれません。

あなたの姿が涙で見えませんでした。美由紀が大人になって、『おかあさん、私、生まれてきてよかった』といえるようにお母さんがんばるからね。

あなたは将来、福祉の仕事をしたいといいます。

夢に向かっていって。お母さんはあなたの自転車をそっと押し続けますよ。

美由紀、生まれてくれてありがとう。

■伸行君のお母さんです。

伸行がいてくれたからこそ充実した人生になった。私は、これからも伸行のよき伴奏者になりたい。

■力也君のお母さんです。

力也は今、私よりも大きくなりました。

はく靴も大きくなって、生後数ヶ月のときの靴をとってありますが、本当に信じられません。

何回も生きるの死ぬのとやりながら、こんな靴を履くまでに成長したのかと思います。

彼は、まもなく十五歳になります。

彼と十五年をともに生きてきて、一日も無駄に過ごしたとは思いません。

自分に与えられた人生、そして、力也というわが子を神様が与えてくださったことに、喜びと誇りを感じています。


さて、今流れているピアノ、誰の演奏だと思いますか？

辻井伸行君です。

伸行君は、この春第十三回ヴァン・クライバーン国際ピアノコンクールで優勝しました。

世界中のピアニストが出場することに憧れるコンクールです。

そこで、伸行君は金メダルを獲得したのです。

受賞した瞬間、伸行君の目から涙があふれました。

もちろん、お母さんと喜びました。

世界的なピアニストに成長した伸行君は、大好きなお母さんに曲を送りました。

■辻井君のピアノを聞いた感想を書きなさい。
教師対象のセミナーでこの授業をすると、次のような感想が出てくる。
・お母さんは、「ピアニストにするつもりはないけど」と言ったけど、伸行君はピアニストになった。それは、自分の夢でもあったのだろうが、大好きなお母さんのためというのが大きな理由のような気がした。
・この曲を聴いているだけで涙が出てきます。お母さんへの感謝の気持ちが伝わってきます。

・お母さんがいたから、今の伸行君がいるんだということがピアノから伝わってきました。
・言葉になりません………。

■授業の感想を書きなさい。

・自分のお母さんも、三人のお母さんに負けないくらい自分を育ててくれたのだということがよくわかった。
・今日帰ったら、お母さんに「ありがとう」と言いたい。
・お母さんの子どもに生まれてきた本当によかったと思えた。

通常は、これで授業を終える。

しかし、卒業授業としてするときは、最後の感想の前にしかけをする。


保護者からの手紙を渡す。


授業の一週間前くらいに、文書でお願いしておく。

次のように。


卒業に際し、子ども達へお祝いの手紙を是非お願いいたします。

子ども達が生まれてから小学校卒業を迎えるまで、さまざまなドラマがあったことと思います。その一部を、子ども達に是非伝えていただければと思います。

「無償の愛」をテーマにした授業の時、子ども達が読みます。

封筒に入れ、封をして、私に預けていただけますようお願いいたします。

保護者からは、ぞくぞくと手紙が届けられた。

大切な手紙は、授業当日まで、保管しておく。

もちろん、封はしたまま。

保護者からのメッセージは、子ども達が一番に見るのである。

そして、授業の終末。

「みんなのお家の人からも手紙があります」

一人ずつ手渡していく。

全員に配り終えて、一斉に開封する。

子ども達は、じっと手紙を読む。

やがて、方々から鼻をすする音が広がる。

多くの子が涙でぐしょぐしょになる。

男子でさえ、とめどなく流れる涙を必死でぬぐっている。

そして、最後に言う。

■感想を書きなさい。
震える声を必死に絞り出す子、声にならない子、教室中がすすり泣く。

発表をまともに言える子は、いない。

それでいい。

「親へお礼を言いなさい」なんていう必要はない。みんな、わかっている。黙って授業を終えればいい。

保護者からの手紙をいくつか紹介する。

貴俊君へ

まず最初に、何よりも生まれて、今日まで無事に小学校卒業までこれて本当に良かったです。心からおめでとうといいたいです。

君は、赤ちゃんの時から、アレルギー体質で食物を制限されて困りました。

風邪もよくひきました。高熱で、夜中に何度も病院に行きました。救急車で行ったこともありました。今、こうして振り返ってみると、長いようであり、あっという間に過ぎた気もします。これから、中学校に行っても、まず健康でいてください。

お母さんより

わが愛する雄樹くんへ

雄樹、卒業おめでとう。十二年前、雄樹が生まれ、はじめて顔を見た時、お母さんはうれしくてたまらなかったよ。大事な宝物だって思ったよ。

小さいときから、いつもじっとせず、ゴソゴソ動き回って元気いっぱいだったね。そのわりには、とっても甘えん坊でちょっとでも姿が見えないと「かーたん」と言ってはビービー泣いて探し回っていたね。

そんな雄樹がもう小学校を卒業するんだね。六年間どうだった？　お母さんはね、とっても楽しませてもらったよ。雄樹がいろんなこと一生懸命頑張って少しずつ成長していく姿を見るたびに目を細めていたよ。

卒業にあたり、心にとめて一生大切にしてほしいものが二つあります。一つは自分自身の命。そして、もう一つは、友達です。いい友達に恵まれてよかったね。友達の輪を広げ、友情を深めていってね。

母より

二 「生命の授業」で前向きな子どもを育てる

全学年とも学習指導要領の道徳の内容の3（1）は、「生命を大切にする」項目である。全学年対応の「命の授業」を紹介する。原実践は佐々木俊幸氏（愛知県）である。

赤ちゃんあてクイズ

■赤ちゃんが、お腹の中にいたときの様子をもってきました。赤ちゃんの一番最初です。感想を書きなさい。「すごいです」「本当に赤ちゃんなのかな」

■少し大きくなりました。感想を。「だんだん人に見える感じです」「とかげみたいです」「両性類みたいです」

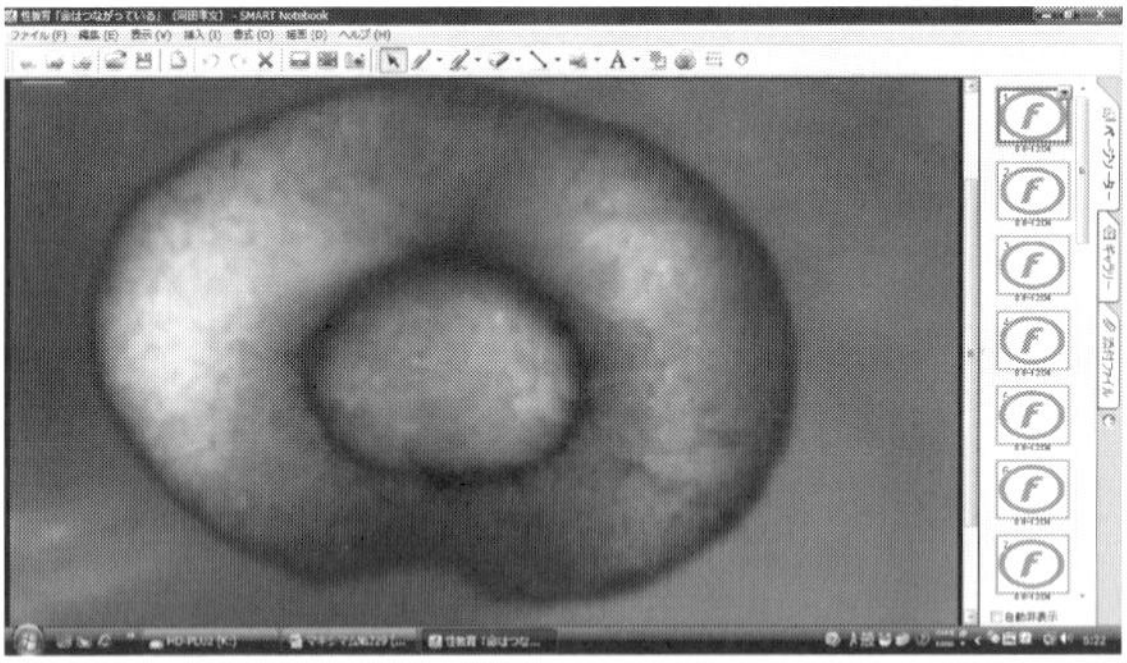

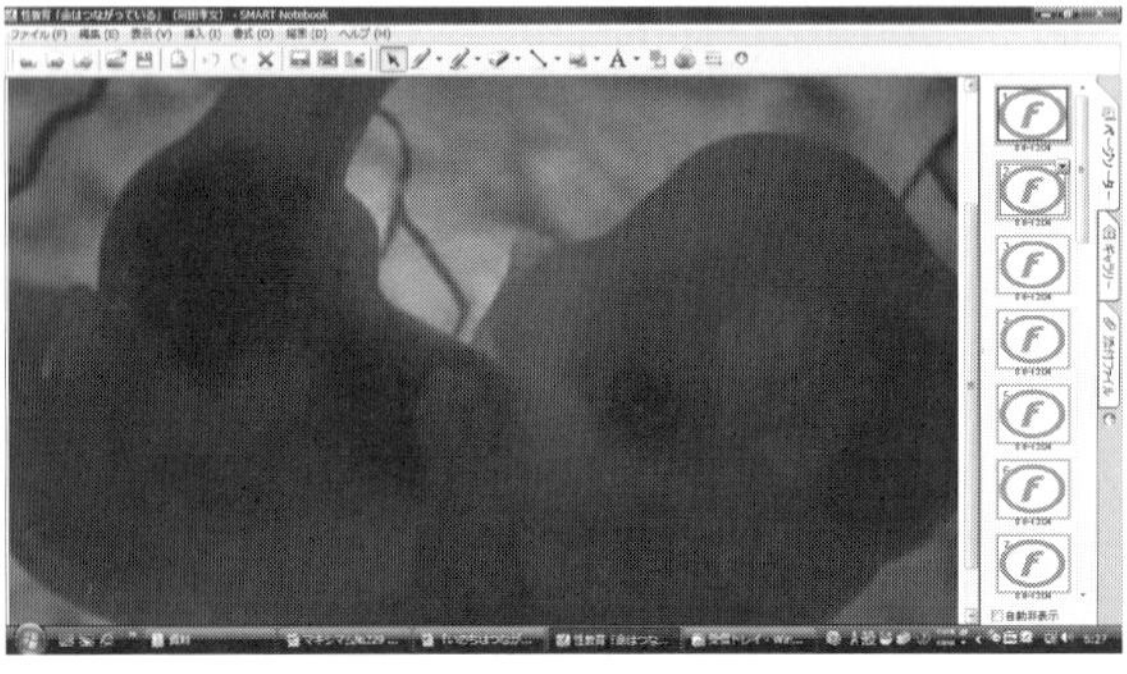

■また大きくなりました。感想を言いましょう。「目が動いてます」「手がかわいい」「鼻がはっきりわかる」「イヌみたい」

■また大きくなりました。感想を言いましょう。「動物に見える」動物なんです。人じゃない、これは。何だと思いますか。「イヌかなあ」「ライオン」「ブタ」

■産まれてきました。何の赤ちゃんでしたか。みんなで、さんはい「イヌです」

■別の赤ちゃんを連れてきました。一番最初です。何の赤ちゃんですか。「これじゃわかりません」「わかりません」「人です」

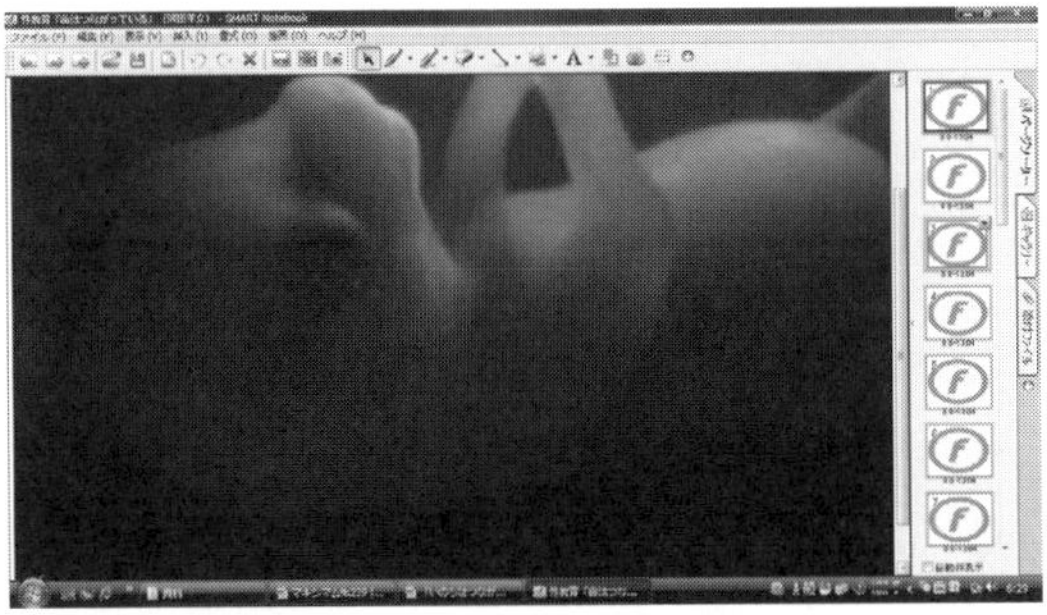

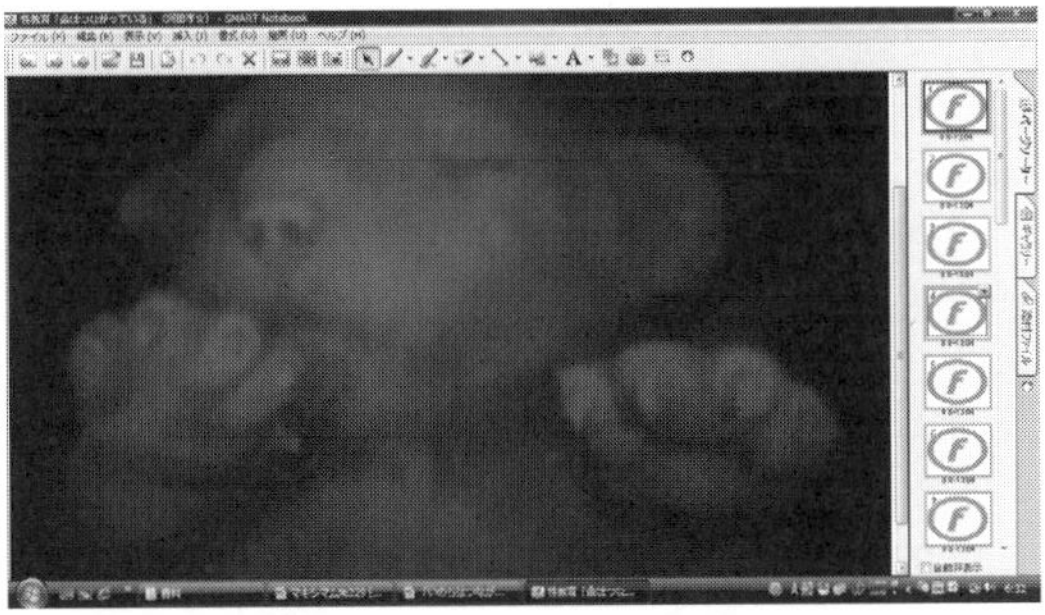

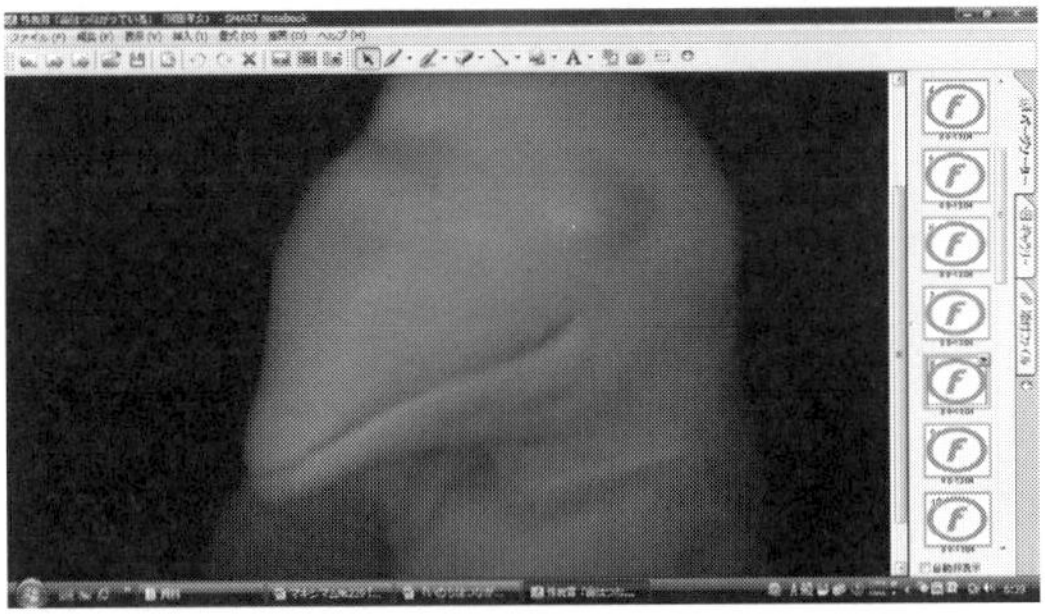

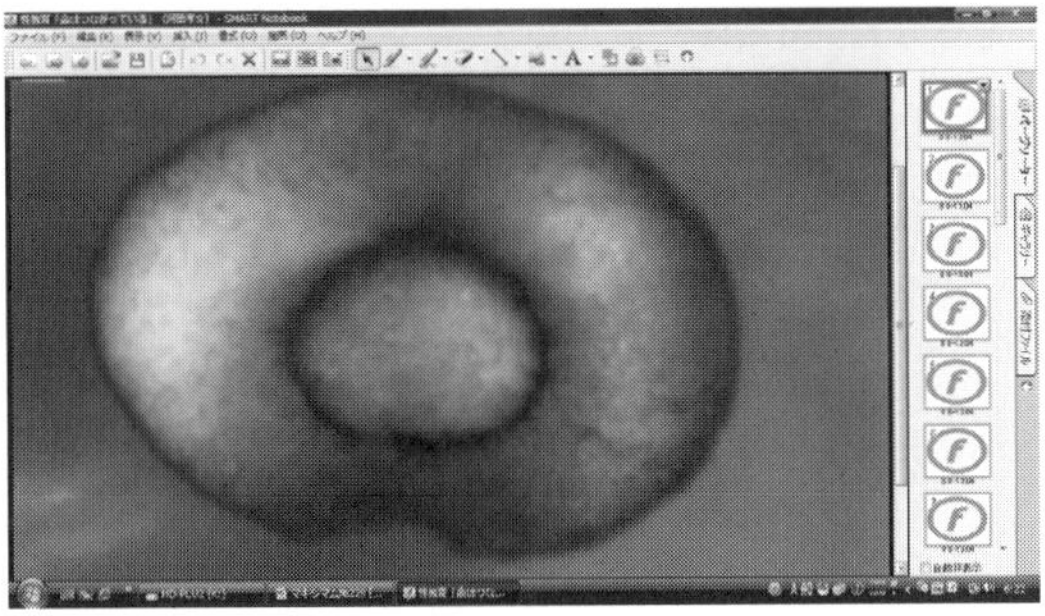

■大きくなりました。何の赤ちゃんでしょう。「恐竜」「ゾウ」「ウマ」「イルカ？」（画像省略）
■成長しました。何の赤ちゃんでしょう。「イルカ」「クジラ」
■生まれました。イルカですね。

同様に、ゾウ、ヒトも受精卵から生まれるまでの画像を提示し、子どもとやり取りしながら進める。

命の設計図

「四つの赤ちゃんを見た感想を書きなさい」
「最初はどれも同じ」「命の始まりは同じ形」

最初はみんないっしょなんです。全部いっしょ。でも、人の赤ちゃんは人、ゾウの赤ちゃんはゾウ。これはどうやって種類が分かれるのでしょうか。何のおかげで、産まれ方が変わっていくんでしょうか。「ＤＮＡです」（知っている子がいました）

ＤＮＡ、そうです。その中にある、命の設計図を遺伝子といいます。命の設計図、百個あるとすると、その九十八個はどの動物も全部いっしょです。人間になることができる赤ちゃんは、チンパンジーの赤ちゃんの一個か二個だけちがうのです。その設計図があるおかげで、人間に産まれてくるんです。残りの九十八個の半分はイヌと全くいっしょです。残りの半分はショウジョウバエといっしょです。だから、みんなはショウジョウバエになっていたかもしれない。でも人間の赤ちゃんに産まれてきた。それは、人間になるための命の設計図が一個または二個あったからです。みんなの体の中には一つ一つ、細胞の中には一つ一つ命の設計図があります。それは、動物の種類だけじゃなくて、みんなのお父さん、お母さんの設計図も入っています。みんなのお父さん、お母さんの設計図がぼくに入っているっていうのが、体のどこかにありますよね。自分で考えて、ノートに書きなさい。「目」「性格」
「血液型」「髪の毛」

作文「ぼくはお母さんの子」

朝日作文コンクール入選作品「ぼくはお母さんの子」を読み聞かせた。

感想を書かせる。

作文を発表させる。「今までいやだと思っていた体の部分がとても大切に思えてきた」「ぼくも、お母さんの子でよかった」など、命の大切さと親への感謝を綴った作文がたくさん発表された。

三　心の教育「友だちっていいよ」

ほんとうの友だちって？

次の詩をスマートボードに映した。

そして、みんなで何度も音読した。

友だち
友だちってなんだろう。
あそぶことが友だちなのかな。
話すことが友だちなのかな。
ぼくには、わからない。
そういう友だちなら
いっぱいいるな。

でも、ほかに
なにかあるんじゃないかな。
ほんとうの友だちってなんだろう。
大きくなったら
わかるかな。
（日本教育技術方法大系　第3巻　小学3年生の教え方大事典　５６０ページの「ほんとうの友だち」新牧賢三郎氏実践より）

「ほんとうの友だちってなんだろう」を太字にして、問うた。

「ほんとうの友だち」ってどんな友だちですか？

「ノートに書いた人は、黒板に書きましょう」

ものの五分で、黒板は、子ども達の文字で埋め尽くされた。

次のようなものが出た。

■やさしい。
■悲しい時、元気にしてくれる。
■困ったとき、助けてくれる。
■なやみなど聞いてくれる。

■かばいあう。
■けんかしても、なかなおりする。
簡単に質問や意見をやり取りした。

言葉を失った「たかし君」

テレビ番組アンビリバボーの「岡田貴嗣君」を映像で紹介した。

「みんなと同じように、友だちをとっても大切にする学級を紹介します。

この学級には、おかだたかし君という子がいました。

たかし君は、小さい時、心臓の病気にかかりました。

走ったりとんだりができません。

たかし君が二年生の時、それは起こりました」

ここから映像を流した。

映像からは、次のナレーションが流れた。

「五歳の時に、心臓の筋肉が弱っていく難病に見舞われたたかし君は、二年生になっても、入退院を繰り返す日々を送っていた。

そして、突然、意識不明に陥ったのだ。

診断の結果、恐ろしい事実が彼を待っていた。

心筋症だったため、子どもにはめったにないと言われる、脳梗塞を起こしてしまったのである。

脳の血管がつまり、右半身が全く動かず、話すことすらできない。

現代の医学では治るかどうかわからなかった。

お母さんは、懸命の看護を続けた。
だが、言葉を失ったたかし君には、回復のきざしも見られなかった」

たかし君のクラスメート

「たかし君は、入院しました。脳梗塞という病気で、体の右半分が動かなくなりました。話もまったくできなくなりました」

たかし君がみんなの学級にいたら、どんなことをしてあげますか？

ノートに書かせ、発表させた。

■手紙を書きます。
■ビデオでみんなからのメッセージを届けます。
■テープに声を入れて、励まします。
■会いに行きます。

「みんなが発表したことを、たかし君の友だちもしました」

映像を流した。

「絶望的な状況の中、たかし君の回復を信じてやまない天使たちがいた。
岡田貴嗣君のクラス。
新川小二年一組の子ども達である。
そして、担任の土屋先生は、子ども達の千羽鶴を貴嗣君に届けた」

子ども達に言った。

「これで、たかし君の病気は治るよね」

「治りません」と子ども達。

「一生懸命千羽鶴おったんだから、たかし君の病気は治るよ」と私。

「お医者さんじゃないから、元気になっても病気は治りません」と子ども達。

「たかし君の友だちは、他にもたかし君のためにやりました」

「これです」

と話して、次の場面を流した。

奇跡を起こした友だち
「みんなの声を届けるからね。誰の声かわかるかあててね。じゃ始めますよ（担任）
たかし君へ。病気が治ったら、また一緒にあそぼうね。
①水曜日、家庭訪問があったよ。でも、帰るのが遅くて先生に会えなかったよ。
②たかし君が作ったマスコットは、たかし君が思ったように色をぬると思って、みんなぬらなかったよ。
③みんな、たかし君が退院するのを待っているよ。はやく退院してね。
④～ナレーション～その時、奇跡が起こった。
『もっとのみたい』なんと、子ども達のテープを聞いて、話すことができなかったたかし君が、口をきいたのである」

映像が終わった瞬間、子ども達から「え～」「すごい」という声が自然とわき起こった。

「これまでの感想を書きなさい」

■お医者さんでも治せないことをクラスの友だちが治したなんてすごいです。
■みんなの気持ちがたかし君に届いたんだなと思いました。
■奇跡ってほんとうにあるんだなって思いました。
■感動しました。

　映像は、続く。

「すごく、ほんとに、うれしかったです。ふりむいて、『今何て言ったの？』『たかし、何て言ったの？』って言ったら、『もっと飲みたい』って、たどたどしいあかちゃんのようなしゃべり方でしたけど、『もっと飲みたい』って言いました。（涙を流しながら話す母親）」

「科学的にはっきりしたことは、言えないんですけど、友だちなり、同級生なりの励ましの言葉が、脳によい刺激となって、回復をはやめたという可能性は、十分あると思います。半田病院小児科部長　中島崇博先生」

たかし君の作文

「病気が回復したたかし君は、作文を書きました」

　映像を続けた。

「～ナレーション～たかし君は、なれない左手で作文を書いた」

たかし君自ら朗読する「友だち」という作文。

「二年生の時、ぼくは、のうこうそくになった。
声が出なくて、右の手足が全然動かない。
そしたら、先生が、クラスのみんなの歌とメッセージを入れたテープを持って来てくださった。
それを何日か聞いていると、突然声が出た。

きせきって本当にあるんだよ。
友だちっていいよ。
ぼくも友だちにやさしくしたい。
そして、友だちを大切にしたい」

たかし君のインタビュー

たかし君のインタビューを流した。

「楽しいこと？　ええとね、学校だね。
友だちとふれあっとるときが一番楽しいね。
友だちのさ、いろんなとこがわかったりね。
いい面もわかったり。うん。すごく楽しいね」

「たかし君にとって、友だちとは、なんでしょう」

■励ましてくれる。
■いっしょにいてすごく楽しい。
■自分を助けてくれる。

友だちにとってのたかし君

「たかし君にとって、友だちは、大切な大切な存在でした。では、友だちにとって、たかし君はどんな存在だったのでしょう。たかし君と出会った子ども達は、今年二十歳になりました」

友だちのインタビューが流れました。

「今になってみれば、たかし君は、自分の中にすごく残っているし、あってよかったという言い方は、おかしいんですけど、たかし君と同じ学校にいられて良かったなあって思います」（守田千夏さん）

「いろいろな理由で施設に入った子ども達の心のケアや、心の負担を軽くしたり、そのあとの自立を支援したりする仕事ができればいいなあと思っています」（高橋祐恵さん）

「『人のために、役に立ちたい』そういう言葉をいつもたかし君は言っていたと思うんですけど、私も、将来大人になったら、そういう人間になって、できれば、そういう仕事につきたいなって思います」（中野沙貴さん）

「ほんとうに会ってた時間は、一年とちょっとくらいしかないんですよね。だけど、その中で、やっぱり、たかし君に出会えて、やっぱいろんなものを得た気がするんですね」（杉浦隆太さん）

「たかし君自身も人の役に立ちたいって言ってたんで、たかし君との出会いがあったから、自分も人の役に立つような介護の仕事の方に進んできたんじゃないかなと思っています」（片山健吾さん）

子ども達の感想を紹介する。

きのうの参観日は、道とくで命の勉強をした。病気で入院している、2年生のたかしくんの話だった。

たかしくんは、のうこうそくという病気で、右半身が動かなくて話しもできなくなった。もし、このクラスにいたら、何をしてあげるかを、みんなで考えた。えい像を見ると、たかしくんのクラスの人は、千羽づると、テープにみんなの声をいれてたかしくんにわたした。すると、たかしくんはテープの声を聞いて、「もっとのみたい」と話した。わたしは、たかしくんが話したので、すごくびっくりした。もうなおせない病気だと言っていたのに、クラスの人がなおしたから、すごいなあと思った。

たかしくんが話せるようになったのは、みんなの、はやく元気になってほしいという気持ちが伝わったからだと思う。友だちはすごく大切な人なんだと思った。いつも、あたりまえのように話したり、遊んだりする友だちも、こんな奇せきを起こしてくれるんだなあと思った。だから、これからはもっと友だちを大切にしたい。

四　勇気と希望の支え「一生懸命生きる」ということ

「一生懸命生きる」とは？

スクリーンに次の画面を映す。

「一生懸命したこと」

子ども達に聞く。

■勉強を一生懸命した。

■水泳を一生懸命した。

■学校を一日も休まなかった。

次のように聞く。

「一生懸命は誰のためですか？」

みんな「自分のため」と言う。

パソコンの画面に沿って資料を読み聞かせる。

一粒の豆①ある母子の試練

私は一粒の豆を自分の生きがいにしている母親を知っている。その母親には二人の息子さんがいる。

この一家に悲劇が訪れたのは上の子が小学三年、次男が小学一年のときである。父親が交通事故で亡くなったのだ。誰に責任があるのかはっきりしない事故だったが、最後には、亡くなられた上に加害者にされてしまった。母親は、事故の責任をとるため土地も家も売り払わねばならず、残された母親と子ども二人は文字どおり路頭に迷うことになった。

各地を転々とした後、やっとある家の好意にすがって、その家の納屋の一部分を借りた。三畳ぐらいの広さの場所にムシロを敷き、裸電球を引き込み、七輪を一個、それに食卓と子どもの勉強机をかねたミカン箱一つ、粗末なフトンと若干の衣服……これが全財産であった。まさに極貧の生活である。

お母さんは生活を支えるために、朝六時に家を出て、まずちかくのビル掃除をし、昼は学校給食の手伝い、夜は料理屋でサラ洗い、一日の仕事を終えて帰ってくると、もう十一時、十二時。だから一家の主婦としての役割は、上のお兄ちゃんの肩に全てかかっていた。

そんな生活が半年、八か月、十か月と続いていくうち、母親はさすがに疲れ果ててしまった。ロクに寝る間もない。生活は相変わらず苦しい。子どもたちも可愛そうだ……申し訳ないけれどもう死ぬしかない。二人の子どもといっしょに死んで、お父さんのいる天国へ行こうとそればかり考えるようになった。

ある日、お母さんは鍋の中に豆を一ぱいひたして、朝出がけにお兄ちゃんに置き手紙をした。

「お兄ちゃん。お鍋に豆がひたしてあります。これをにて、こんばんのおかずにしなさい。豆がやわらかくなったらおしょうゆを少し入れなさい」

その日も一日働いて本当にくたびれ切ってしまった母親は、今日こそ死んでしまおうと、こっそり睡眠薬を買って帰ってきた。二人の息子はムシロの上に敷いた粗末なフトンで枕を並べて眠っていた。

一粒の豆②お兄ちゃんからの手紙

お兄ちゃんの枕元に一通の手紙が置いてあるのに気がついた。お母さんはなにげなしに手紙を取り上げた。そこにこう書いてあった。

お母さん、ボクはお母さんの手紙にあったように一生けんめい豆をにました。豆がやわらかくなったとき、おしょうゆを入れました。でも、夕方それをごはんのときに出してやったら、「お兄ちゃんしょっぱくて食べられないよ」といって、かわいそうに、つめたいごはんに水をかけて、それを食べただけでねてしまいました。

お母さん、ほんとうにごめんなさい。

でも、お母さん、ボクを信じてください。ボクはほんとうに一生けんめい豆をにたのです。

お母さんおねがいです。ボクのにた豆を、一つぶだけ食べてみてください。そして、あしたの朝、ボクにもういちど、豆のにかたをおしえてください。

だからお母さん、あしたの朝は、どんなに早くてもかまわないから、出かける前にかならずボクをおこしてください。

お母さん、こんやもつかれているんでしょう。ボクにはわかります。

お母さん、ボクたちのためにはたらいているのですね。

お母さんありがとう。

でも、お母さん、どうかからだをだいじにしてください。

先にねます。おやすみなさい。


母の目からどっと涙があふれた。

「ああ、申しわけない。お兄ちゃんはこんなに小さいのに、こんなに一生懸命に生きていてくれたんだ」

そしてお母さんは、真夜中に、子どもたちの枕元に座って、お兄ちゃんの煮てくれたしょっぱい豆を涙とともに一粒一粒おしいただいて食べた。

たまたま袋の中に煮てない豆が一粒残っていた。お母さんはそれを取り出して、お兄ちゃんが書いてくれた手紙に包んで、それから四六時中、肌身離さずお守りとして持つようになった。

子ども達の感想

感想を書かせた。

●子どもたちで何もかもやってろくに食事もしてないおさない少年なのに、一生けんめい生きている。ぼくなんか親にいろいろお願いをしてはずかしいと思いました。

●お兄ちゃんや弟はまだ小さいのに豆を一生けんめいにたので、すごいなあと思いました。私はもう満足です。お母さんが病気にならないように手伝いなどをしていきたいと思います。

●ぼくは、この話を読んでこんな親子がいたとわかりました。ぼくは、親への不満やお願いをするとははずかしいと思いました。

発表がとぎれたところで、次のように話した。「この親子は、このあとどうなったと思いますか」「死んでしまったのかな？」などの声が聞こえる。

一粒の豆③命を救った男の子手紙

「この後の話もあるので読みます」

もし、あの晩、お兄ちゃんが母親宛ての置き手紙を書いてなかったとしたら、この母子たちはたぶん生きていなかっただろう。

一通の手紙、一粒の豆が三人の生命を救ったのである。

しかもそれだけではない。母親は気を取り直していっそうよく働き、その働く母の尊い姿を見つつ育った二人の兄弟は、貧乏のどん底でも決して絶望することなく、よく母親の手伝いをし、勉強をした。

それから十数年の歳月が流れた。お兄ちゃんも弟さんも明るく素直で母親思いの立派な青年に成長し、ともに世の教育ママたちが憧れている一流の国立大学を卒業し、就職した。

塾に通ったわけではない。

夜は暗くなると電気代を節約するため早く寝なければならないような生活だった。

生育環境は劣悪そのものである。

そんな生活の中でいったい何がこの兄弟に作用したのか。

それはたった一つ、

資料の朗読を一旦止めて、聞いた。

「兄弟に何が作用したのですか?」

■お母さんの姿

■お母さんが一生懸命働いたこと

資料の続きを読む。

母親が毎日を一生懸命に生きたことだったのである。

それだけである。

その母親の後を子どもたちは、

再び資料の朗読を止め、聞いた。

「その母親の後を子ども達は、どうしたのですか？」
■一生懸命勉強した。
■一生懸命生活した。
資料を再開する。


小さな足で一生懸命についてきた。

人間にとってもっとも大切なのは、

またまた資料を止める。

「人間にとってもっとも大切なのは、何ですか？」
■一生懸命
■一生懸命生きること
資料を再開する。

毎日を一生懸命生きることである。


『気くばりのすすめ』（鈴木健二著、講談社）より、子ども達に一番最初の問いを再び問うた。

「一生懸命したこと」

「誰のためですか？」
■自分のため、そして親のため。

■自分のためと、支えてくれる人のため
■周りの人のため
パソコン画面に一行ずつ投影する。
「一生懸命すること」
←
「自分のため」
←
「そして」
←
「あなたの」
←
「まわりの」
←
「みんなの」
←
「ためにに」

親の「一生懸命」が現在のあなたを支えている

「このお話のお母さんは、二人の子どものために一生懸命生きました。子どもたちのことを大切に大切に思っていたのです。すごいね。みんなのお父さんお母さんは、このお母さんほどじゃないかな？　そんなことはありません。

みんなが生まれたばかりの赤ちゃんだったころ、どんなふうにしてもらっていたか覚えていますか」

お母さんは、赤ちゃんにおっぱいをあげます。おっぱいは、お母さんが食べたものの栄養でできています。それを一日に六回もあげます。自分のための栄養も赤ちゃんにあげているのです。だからお母さんは、歯が悪くなったり、肌が荒れたり、病気にかかってしまうことさえあります。それなのに、赤ちゃんに「少しにしておくのよ」なんていうお母さんはいません。「これだけの母乳だと一日いくらになる」なんて計算する人もいません。元気よく飲めば、それだけで安心します。毎日毎日お風呂に入れ、汗水たらして丁寧に丁寧にからだをあらいます。夜中に起きてオムツを替えます。他人だったら感じる「汚い」「くさい」なんてことも全く気になりません。風邪をひいて鼻水がつまると、赤ちゃんは自分でどうすることもできません。そんなとき、お母さんが口で吸い取ってやるんです。病気になれば、心配で心配で一晩中寝ないで看病します。赤ちゃんを抱いて夜中にお医者さんを探し回ることだってあります。もう忘れてしまっているのですが、ここにいるみんな、一人の例外もなく何百回も何百回もそうしたことをして育ててもらいました。先生もそうやって育ててもらいました。でも、そのお返しをお母さんは何も期待しません。

涙を浮かべる子がたくさんいた。

感想を発表させて授業を終える。

若者の間には、「一生懸命」は、カッコ悪いとか暑苦しいとかいう空気がある。

「毎日を適当に面白くおかしく過ごせばいい」という空気を感じているのは、私だけではないだろう。

このような世の中だからこそ、「一生懸命生きる」ことの大切さを教えていかなければならない。

子ども達の生き方の核の一つとして。

第5章

TOSS 道徳 Q&A

Q1　掃除をテーマにした道徳授業を、紹介してください

A①　掃除が学級集団をつくります

学校生活における掃除を大切にしている。
掃除を通して集団は育つ。
ねらい目は、「ゆるんだとき」である。
学級の掃除活動を道徳授業として実施した。
経過を学級通信を通して保護者にも伝えた。
紹介する。

【学級通信マキシマム No.117　2007.9.21】

――ネジを締める！――

残暑というより猛暑。
連日の運動会練習。
集合時刻はキッチリ、打ち込む練習。
練習に全精力を注ぐ体は疲労困憊。
その他の場面では時間も心も緩んでしまう。
子ども達の気持ちはよくわかります。
体力消耗と非日常の時程は、さまざまなところにしわ寄せが来ます。
たまには、どこかに手も気も抜きたくなります。

掃除、委員会、下校時刻などにゆるみが出てしまいます。

しかし、このような時だからこそ、「やらねばならぬ」「ならぬはならぬ」を貫いてほしいものです。

六年生として、全校のみんなにお手本を見せてほしいのです。

週明けである火曜日の三校時、子ども達に次のように言いました。

一週間のはじめから、みんなにこんなことは言いたくない。
しかし、言わなければならない。
二学期のみんなの生活はゆるんでいます。
運動会の練習で疲れるのはわかる。気を抜きたくなるのもわかる。
しかし、これでいいのか？
例えば、掃除。自分の掃除について、
今のままでいいと思う人？（誰も手をあげません）
今のままではまずいと思う人？（全員の手があがりました）
自分の掃除の反省を連絡帳に書きなさい。

三分後、全員が発表しました。

「とりかかりが遅かったです」

「先生がいるときといないときの掃除の態度がちがっていました」

「ついおしゃべりをしながらやっていました」

「『あと五分で掃除終了です』で終わった気になっていました」

「後片付けがいいかげんでした」

一人ひとりから反省の弁が述べられました。

そして、「これからどうしていくのか」も一人ひとりが表明しました。

最後に私がいいました。

「みんなは六年生です。全校のみんなのお手本にならねばなりません。掃除時間、みんなに特に実行してほしいことが三つあります。
◆とりかかりをはやくする。
◆だまってする。
◆終わりのチャイムまでやる。
できそうですか?」

みんなから「はい」と返ってきました。

さらに、「各掃除場所で担当を確認し努力目標を決めなさい」と言いました。

それぞれの掃除場所で集まり、相談する時間を設けました。

五分後、それぞれが決めたことを報告しました。

掃除についての話は、以上で終了。

かくして、昼休み終了後、週最初の掃除が始まりました。

子ども達ひとりひとりの動きにキレがありました。

これまでより動きが機敏です。

私は、屋外の掃除をいっしょにしました。

どの子も始まりのチャイムより早く到着し、黙って最後まで自分の使命を全うしていました。

たかが掃除。

されど掃除。

掃除する姿を見ている人は見ています。

六年一組のみんなの姿が、このまま全校のみんなのお手本でありつづけてほしいと願っています。

【学級通信マキシマム No.118　2007.9.21】
——掃除をふりかえる——

火曜日の宿題は、日記でした。テーマは「そうじ」。

いくつか紹介します。
■今日、先生にそうじ時間のことについて注意された。なので、めあてを守れるようにがんばった。そうじが始まる時刻までに行けた。また、時間いっぱいそうじができた。今日だけではなく、毎日きちんとそうじをしたいと思う。
■今日のそうじ時間、私は今までしなかったタイルみがきとかべふきをした。タイルをみがいていると、とても黒い汚れが出てきた。今までしていなかったところがとても汚なかった。これからも続けたい。
■ぼくは、ろうかのぞうきんでした。ぞうきんは、大変な仕事で、床をふいたり、てすりをふいたりして、することがたくさんあります。今日の学級会と先生の注意で、みんなの掃除への態度が大きく変わりました。これからは、先生方に注意されないよう、六年生らしく、掃除も他のこともしっかりがんばっていこうと思います。
■今日、先生から掃除のことでしかられた。ぼくは、そういえば、今まで、行くのが遅れたり、しゃべってやっている時があった。そういう一人のゆるみのせいで、「六年生はよくない」と見られてしまう。これからは、掃除時間だけでなく、まじめにやりたい。

■今日、三時間目に反省したことを掃除の時間にいかせてよかった。今まで、ぼくは、わたりろう下のそうじでK君としゃべりながらそうじをしていたので、わたりろうかがきれいになっていなかった。今日、「しゃべらずにそうじに取り組む」という目標でそうじをしたら、わたりろう下がとてもきれいになったのでよかった。ぼくは、これから、そうじ場所がかわっても、この目標を守っていきたいと思う。

■今日のそうじは、早くとりかかることができたし、だまってそうじができたと思うので良かったと思う。ぼくたちは、もう六年生なので、最後まで一生けん命そうじをしていきたい。あと、ぴかぴかにするという気持ちでがんばっていきたいと思う。

■今日、みんなでそうじのめあてをきめました。私たち外庭は、「二人組になって、ほうきの人は、ごみをとったり、かれ葉をとったりしてすみずみまできれいにする。草抜きの人は、ざっそうをぬいてきれいにする」を決めました。その後のそうじは、これを守れて、しゃべらず出来たのでよかったです。

■ぼくは、トイレの掃除だ。まずはじめに、ほうきで床を掃いた。べんきのまわりも掃いた。次にべんきにクレンザーをかけて、ブラシでみがいた。それと、トイレの中にある手洗い場をタワシでみがいた。ぞうきんでべんきもふいた。早く終わったので、別の手洗い場もした。今日は、まじめにできたので、この調子でがんばってしたい。

■今日、朝にそうじのことでおこられました。すごく反省をしています。今日のそうじは、すみずみまできれいに、だまってできました。これからも続けてがんばろうと思います。

■私は、よくしゃべってそうじをしていたので、校長先生からおこられました。先生が見ていないところでは、ほうきを振り回して遊んだこともあります。でも、今日のそうじでは、すみずみまではいて、時間いっぱいできたのでよかったです。

■私は、だまってしていたこともあったけれど、なまけてそうじをしていることが多かった。今日の学級会でだまって一生懸命するという目標を立てて、そうじはやる気を出してきちんとした。これからも、きちんとそうじをしたいと思う。

■今日、階段の掃除で、すみを一生懸命はいて、その後、時間があまったので、ぞうきんで（ぬれぞうきん）隅をきれいにして、音楽がなり終わったのでいそいでぞうきんとほうきをかたづけました。

■今日は、目標を作って、その目標に向かってがんばったつもりです。とてもむずかしくて、日ごろどれだけ話をしているのかが分かりました。時々、MさんがKさんと話をしていたけど、真剣にやっていたので、見習ってちゃんとやっていきたいです。

■今日は、三時間目に先生におこられたから、掃除時間はきちんとできました。掃除時間には、掃除を始めて、げたばこの下の砂もまわりの砂もきれいに取って、五分前の放送がなりおわるまで掃除をしました。

■私は、今まで、とりかかるのが遅かったり、友達としゃべったりしていました。今日は、ちゃんとそうじが始まる前に行って、静かにできました。いつもより、きれいにして、後片付けもちゃんとできてよかったです。

■私達は、今日の朝に、先生から掃除時間の態度が悪いと言われた。三時間目に一人ずつ連絡帳に反省文を書いて発表し、これからどうするかを掃除の班の人と話し合って発表した。そのあとの掃除の時間は、ちゃんと静かにすみからすみまでできたので、よかった。この調子で、今日だけでなく、これから毎日やろうと思う。

A② 掃除は学力も育てます

子ども達は、基本的に掃除がきらいである。

「できるなら掃除はない方がいい」

ほとんどの子がそう思っているだろう。

実際、アメリカの学校には掃除の時間はない。

掃除は、全て民間業者に委託されている。

確かに掃除は、学習と関係ない。

しかし、掃除の時間は、きれいにするためだけの時間ではない。

掃除を通して学ぶことはたくさんある。

達成感、感謝、創意工夫、勤労の大切さなど、学びのカテゴリーは探せばたくさんでてくるはずだ。

また、掃除を通して子ども達に生き方の姿勢を教えることもできる。

全国学力調査がはじまり、学力向上が最重要課題になった。

山口県教育委員会は、全国平均をはるかに上回る県内の学校を全て訪問した。

平均点高得点をマークした学校には、いくつかの共通点があったそうだ（ある校長からの伝聞なので、細かいところは違うかもしれない。しかし、大筋では、間違いないだろう）。

その中の一つに、「学校が静か」というのがあったそうだ。

授業中、校内を参観してまわると、どこの教室も整然と授業が進んでいたそうだ。

もちろん、抑圧された不自然な静けさではない。

全員が授業に集中した静けさである。

子ども達が授業に熱中していたということである。

静かな場面は、掃除の時間もだそうだ。

もう一つの共通点は、「学校がきれい」なことだそうだ。

現場にいればわかるが、きれいな学校は教師の努力だけで実現できるものではない。

そこで生活をする子ども自身の意識が「きれい」さに向いていなければ、到底無理である。

つまり、掃除への意識があるということである。

私の学校も全国学力調査の結果が全国平均よりもかなり上だった。

実施初年から二年連続で。

この結果は、本校の先生方が積まれてきた実践と子ども達の努力の成果である。

ある年、小森栄治先生をお招きして「わくわく理科教室」を実施した。

小森先生は、午後からの授業のために、朝八時から学校入りされ、準備をされた。

準備のめどがついてから、授業、昼休み、掃除時間など、ずっと校内を参観されて歩いた。

帰りに、小森先生が校長に本校の感想を話された。

「授業中とても静かですね。みんなが先生方の授業に熱中していました」

「掃除の時間もとても静かでした。こんな学校見たことありません。あんまりびっくりしたので、ビデオに撮りました」

小森先生が、本校を静かな学校と評してくださった。

同行した先生方もみんな口をそろえて同じことを話していた。

やはり、誰が見ても、全国学力調査で上位に来る学校には、同じ傾向があるようである。

「学校が静か」という。

静かなのは、授業に限らず掃除なども。

もちろん、昼休みなどは、弾けるように賑やかである。

しかし、掃除や授業になると、子ども達の様子が一変する。

つまり、学校生活にメリハリがあるのだ。

掃除に熱中させる

メリハリをつくる一番の要因は、集中力、いや熱中力である。

さまざまな活動に熱中できる手だてが教える側に必要なのである。

授業はもちろん、掃除などの活動にである。

では、掃除に熱中させるためには、どうすればいいのか。


まずは、やり方を教えることだ。


私は、四月の学級開きで、子ども達に掃除の仕方を教える。

「そんなの当たり前」と思うかもしれない。

しかし、掃除のスキルを具体的に教えている教師は意外と少ない。

ほうきでゴミを山ほど集める様子を見せたときは、歓声が上がった。

子ども達は、掃除の仕方を知らないのだ。

高学年でも、効率よく効果的な掃除のしかたを知らない。教えられていないのだから、当然といえば当然である。

だから、掃除道具の使い方や掃除の仕方を知った子は、掃除に熱中するようになる。

目の前が目に見えてきれいになることに、喜びを感じるようになる。

今年度担任している三年生にも、もちろん掃除の仕方を教えた。

担当の昇降口玄関を子ども達と一緒にきれいにした。

それまであまり手が行き届いていなかった昇降口から、大量の砂がかき集められた。

子ども達は、砂をかき集めることに熱中し、あっという間にきれいになった。

そこにやってきた校務技師さんが子ども達に話した。

「すごいね。ここがこんなにきれいになったところ見たことないよ」

子ども達は、自分が掃除したところをほめられて大喜びだった。

掃除に熱中させるためには、

評価することも大切である。


ほめられれば、誰だってうれしい。

意欲が持続する。

昇降口の掃除をほめられた三年生は、私が行かなくても自分たちで掃除をし続けた。

やり方を知っているからだ。

そして、やればやっただけ「ほめられる」という報酬を得るからである。

掃除を学級通信の話題にする

子ども達が掃除をすることに喜びを感じられるような演出も一つの手である。

演出の強力アイテムに学級通信がある。

私は、ときどき、学級通信に掃除の様子を紹介する。

次のような様子も紹介したことがある。

【学級通信マキシマム No.272　2008.2.20】

――掃除にまつわるエトセトラ――

久しぶりに掃除ネタです。

【助け合い、支え合い】

子ども達は、掃除に意欲的に取り組んでいます。

が、掃除の仕方を勘違いしているエリアがありました。

これまで、ほうきで掃くだけで、雑巾がけをやっていませんでした。

こびり付いた汚れがそのままです。

そこで、五校時、担当者に言いました。

「放課後、今までの分を取り戻しなさい」

帰りの挨拶後、二十分間だけ、取り組ませることにしました。

帰りの挨拶の前に、全員に伝えました。

「○○の掃除は、これまで一度も雑巾がけをしていません。放課後これまでの分を挽回すべく居残り掃除をします。もしも、手伝ってあげようという人は、手伝ってあげてください」

かくして放課後、「さようなら」をして担当者は、掃除に向かいました。

私は、緊急の用事で職員室に行きました。

十五分後、教室にもどると、ランドセルがずいぶん残っています。

「?.?.?　まだ帰ってない子がいる。こんなにも」

居残り掃除のことをすっかり忘れていました。

遠くのほうから声が聞こえます。

廊下に顔を出しました。

雑巾がけの雑巾がずいぶん減っています。
音楽室のほうに目をやると、人影がチラッと見えました。
「！！！　そうかっ！」
「おーい、ごくろうさん！　もういいよぅ」
私の呼びかけで、雑巾片手の子が戻ってきています。
植田さん、上野さん、吉村さん、石丸さん、船津さんでした。
五人は、放課後の自分の時間を友達のために費やしたのでした。
にもかかわらず、五人は笑顔でした。
「手伝ってあげた」というオーラを微塵も出していませんでした。
「きわめてあたりまえ」の笑顔で教室に帰ってきました。
　心が温かくなりました。

【反省し改善する】

　教室の掃除道具入れが乱れていました。
　昨日、見るに見かねて言いました。
「教室の掃除担当は、掃除道具入れを片付けること」
すぐに教室掃除は、掃除道具入れの整理にとりかかりました。
そして、放課後、次の状態になっていました。
非を認め、足らざるを補い、改善する。
とてもいいことだなぁと思いました。

Q2　学級開きの四月、どんなことに気をつけて道徳授業をすれば良いか

A　とにかく書かせます

書くことは生き方の顕在化だ

言語力育成が学校教育の優先課題となっている。

国語も算数も理科も社会も。

音楽、図工も例外ではない。

学習で「書く」ことは必須である。

人間は、書くことにより、考えや思いを顕在化させることができる。

書く作業＝学習である。

もちろん、道徳にも当てはまる。

考えや思いを書くことで、大切な生き方を子ども達に自覚させることができる。

書く作業をさせなければ、何も残らない。

子どもが、変わらないということだ。

道徳で「書く」ということを日常化させよう。

算数や国語と同じように。

学習したことを紙の上に残す習慣をつけよう。自分の考えを明確にさせることに慣れさせよう。

道徳でも作文をたくさん書かせよう。

「紙に書くことで想いは実現する」

とは、古今東西の成功者、偉人が繰り返し巻き返し主張している。

子どもの行動も、紙に書くことで実現するのだ。

確実に変わるのだ。

道徳ノートを準備しよう

心のノートではない。

道徳ノートである。

真っ新《さら》のノートを一冊用意するのだ。

それに道徳授業の記録を書かせていく。

「わかったこと」「気づいたこと」「思ったこと」を書かせる。授業の最後には、感想を書かせる。

ノートに道徳授業の蓄積をさせるのだ。

道徳授業の蓄積とは、生き方の蓄積である。

生き方は、書くことで行動となる。

作文をたくさん書かせよう

授業で、道徳ノートにたくさん書かせる。

授業の記録をどんどん書かせる。

国語、算数、理科、社会のように。

何をどのように書かせればよいのか。

簡単である。とにかく「書きなさい」だ。

道徳副読本を読んだ後、次のように言う。

「わかったこと、気づいたこと、思ったことを書きなさい」「それを黒板に書きなさい。短く」

黒板にみんなの考えがずらっと並ぶ。

それを見て、しばし意見交換。

「友達の意見で、大切なことはノートに書きます」

ここまでで二～三ページは埋まる。

そしてさらに言う。

「授業の感想を書きなさい」

これは、一ページ程度書かせる。

一時間の道徳授業で、三～四ページは消費する。

ＮＨＫ教育テレビに「道徳ドキュメント」という番組がある。高学年向け十五分番組だ。

サイトには、掲示資料、ワークシートなどが掲載されており、授業にすぐ使えるようになっている。

しかし、使うのは、道徳ノートだけである。

視聴する前に告げる。

「番組を見てわかったこと、気づいたこと、思ったことを書きなさい」

子ども達は、番組を見ながら、メモをする。たった十五分だが、情報盛りだくさんである。終了した時には、
ノートは三～四ページ埋まっている。

あとは、副読本の時と同じ流れとなる。

道徳授業では、とにかく書く。

書くことで指針となる行動が明確になる。
書くことで、行動が変わる。
書くことに慣れさせなければならない。
そのために道徳ノートを用意する。
続ければ、子どもはスラスラ書くようになる。

Q3　生徒指導で教員同士に温度差があり、一貫した指導ができていません。規範意識を育てるためには、どのような指導をすればよいでしょう

A　行動基準を作り、全校で実施することが大切です

道徳教育の教科化に賛成である

社会生活には、「ルール」と「マナー」という行動指針がある。
「ルール」とは、社会に参加する大多数の人々が健全に生活するための決まりである。
「物を盗んではいけない」「順番を守る」などである。
「ルール」は、社会生活の厳守事項である。
「マナー」とは、行動のお手本である。
「あいさつをする」「くつをそろえる」「困っている人を助ける」などである。
「ルール」ほど強制力はない。
実行すれば、関わった人が心地よくなる。
守らなくても、罰せられることはない。

しかし、守らなければ、批判・非難を受けることはある。

社会生活をする以上、ルールは守らなければならない。

社会のルールを具体的に教える教科はない。

ルールを教え守らせる教育を、道徳教育は担うべきである。

また、人として社会生活を送る上でのマナーも、子ども達にきちんとした形で教えるべきである。

数十年前までは、このような教育内容を子ども達に教える役目を地域や家庭が担っていた。

今はない。

それを憂うだけでは、現状打破はできない。

地域・家庭の教育機能を学校が復活させるべきである。

学校で教科として授業がはじまれば、家庭は注目せざるを得ない。

成績がつくからである。

学校での教科化が、家庭の徳育復活を促す可能性もある。

教科になれば、当然そこには評定が伴う。

道徳教育教科化の反対者の最大の理由は、評定への嫌悪である。

しかし、徳育の評定はそんなに悪いことなのか。

具体的な生活場面を提示し、そこでの人物の行動がルールという視点で◯か×か問うのは当然である。

マナーとしてどうすべきかを問うことは、少しもおかしなことではない。

現代社会の規範意識が低下している。

規範を教えてきた地域や家庭がその機能を失いつつある。

日本人の規範教育は危機的状況である。

日本人の規範意識崩壊にどこが歯止めをかけるのか。

学校教育しかない。

学校教育は、これまでも道徳教育を推し進めてきた。

効果はあったか？

否。

ここ数年の成人式報道が学校教育への評価である。

道徳教育で規範をきちんと教えられた子があのような振る舞いをするか？

道徳教育は、規範教育をなし得なかったのである。

全体的に見て。

もちろん、大多数の学級では、しかるべき規範教育がなされてきた。

多くの学級では、社会的に逸脱した行為をする子はいない。

しかし、少数の学級では踏み外した行為に及ぶ子どもがいる。

これは、何を意味するのか。

現時点での、学校現場での道徳教育の成否は、担任の教育力に左右されるということである。

もちろんこれは、国語や算数の教科教育にもいえることである。

しかし、国語や算数は、教えるべき内容が明確に決められている。

学習障害のある子を除けば、ほぼその学年で学習すべき内容は最低限クリアーして次学年にあがっていく。

道徳教育にこれはない。

「なんとなく教えた」という実感しかない。

私の体験的実感である。

異論がある方は、ご意見いただきたい。

教える内容を明確にし全体で取り組めば、成果はでる。

今から、十数年前に一年生を担任した。

学級は、二つの園出身の子ども達で構成されていた。

一つは、規律をきちんと教え、行動として身につけさせることを方針とした保育園。

一つは、規律より本人の意思を優先する自由保育を方針とした幼稚園。

子ども達の行動は、明確に分かれた。

規律を重視する保育園出身の子は、あいさつをきちんとする、時間を守る、順番を守ることがきちんとできた。

自由保育の幼稚園の子は、あいさつはできない。授業がはじまってもずっと砂場で遊んでいる。自分の思い通りにならないと泣き叫ぶ。

一部の子に見られた傾向ではない。

ほぼ全員である。

後日、聞いたのだが、保育園は、園全体で、教えるべき規律を明確化し職員全員で指導を徹底しているとのこと。

規範を心の問題としておくのではなく、行動まで具体化して取り組むとどうなるかを物語る明確な事実である。

教科になれば、指導が平準化する

七年務めた前任校に赴任した年、荒れていた。

着任式、始業式での私語の多いことにびっくりした。

学校生活は、子ども達にけじめがなかった。

授業中、平気で立ち歩く子が多かった（特別支援を要する子ではない）。

朝学の時間は、どこの教室も騒乱状態だった。

対外的な行事での子ども達の素行も悪かった。

学力も低かった。

学校全体がガチャガチャしていた。

この状態に、校長は憂慮していた。

そして、「これではまずい」と職員全体が立ち上がった。

生徒指導部会で、改善の方向を論議した。

出てきた結論は、次のようなものである。

1　子どもが守るべき行動基準をつくろう。
2　しつけは、学校全体でやろう。

子ども達は、何がよくて、何が悪いのか、わかっていなかった。

それを、子どもにわかる形で示していこう。

生徒指導部会で検討の上、職員会議の論議を経て決まったのが、下の行動基準である。

教室に掲示し、一つ一つ子ども達に教えた。また、いくつかについては、道徳・学級活動で授業も実施した。

毎月の生徒指導部会（各学年から一名参加）で、学級の到達度についてＡＢＣで評定し、改善案を話し合った。

川《かわ》棚《たな》っ子《こ》の生活《せいかつ》
① 自分《じぶん》からあいさつをする。
② はきものをそろえる。
③ 校舎内《こうしゃない》は歩《ある》く。
④ 始《はじ》まりの時刻《じこく》を守《まも》る。
⑤ 名前《なまえ》を呼《よ》ばれたら「はい」と返事《へんじ》をする。
⑥ 使《つか》ったものは 元《もと》の 所《ところ》へ 戻《もど》す。
⑦ 給食《きゅうしょく》の後《あと》は，歯《は》をみがく。
⑧ 天気《てんき》のよい日《ひ》は，外《そと》に出《で》て遊《あそ》ぶ。
⑨ だまって掃除《そうじ》をする。
⑩ 下校《げこう》の時刻《じこく》を守《まも》る。

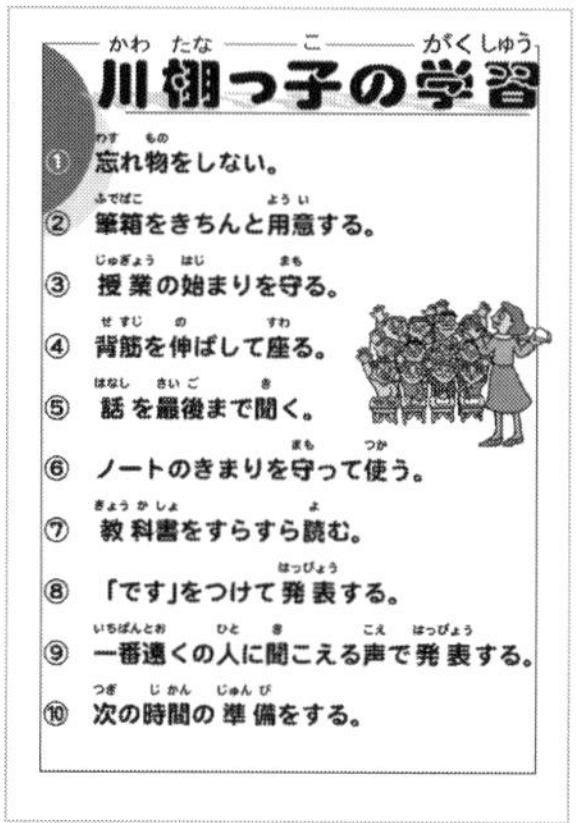

川《かわ》棚《たな》っ子《こ》の学習《がくしゅう》
① 忘《わす》れ物《もの》をしない。
② 筆箱《ふでばこ》をきちんと用意《ようい》する。
③ 授業《じゅぎょう》の始《はじ》まりを守《まも》る。
④ 背筋《せすじ》を伸《の》ばして座《すわ》る。
⑤ 話《はなし》を最後《さいご》まで聞《き》く。
⑥ ノートのきまりを守《まも》って使《つか》う。
⑦ 教科書《きょうかしょ》をすらすら読《よ》む。
⑧ 「です」をつけて発表《はっぴょう》する。
⑨ 一番遠《いちばんとお》くの人《ひと》に聞《き》こえる声《こえ》で発表《はっぴょう》する。
⑩ 次《つぎ》の時間《じかん》の準備《じゅんび》をする。

改善案の中心は、「どの子も学校全体で指導していこう」ということだった。

「ある先生が指導したことを、ある先生は見逃す。これでは、指導した先生が悪者になる」

「指導者サイドが教師によってブレるのでは、子どもは、どれが望ましいのか、正しいのかわからなくなる。結局、子どもの行動は正されない」

といった意見が出た。

そして、「部会できまった方針は、どの子にも指導していこう」という共通理解をした。「自分の学級の子も、よその学級の子も同じように指導していこう」ということになった。これは、なかなか勇気のいることである。

その結果……効果は、すぐには出なかった。

しかし、毎年、緩やかではあったが子どもの行動は落ち着いていった。

そして、取り組みから三年後の始業式。私語をする子は、一人もいなくなった。朝学の教室は、シーンとしていた。または、元気な音読の声が響き渡った。校内の負傷者人数も減った。先生の言うことを素直に聞ける子が増えていった。学力もあがっていった。

なぜか、運動能力もあがっていった。

これは、まぎれもない事実である。

規範をルールとモラルにわけ、子どもがなすべき行動を示した結果である。

このように指導内容を決めて、共通理解して指導していけば、子どもの行動は必ずよくなる。

道徳教育の教科化は、指導内容の具体化と共通理解が目的である。

道徳の評価は、心を評価することではない。ルールがわかっているか、できているかを評価することである。

今の道徳教育では、何も変わらない。

Q4 「いじめ」を授業で扱う場合、どのようなことを配慮すればよいですか

A　まず教師こそがいじめをなくせるということを認識してください

クラスの問題ではすまなくなった

いじめは、クラスだけの問題ではない。

いじめに関わる全ての人は不幸になる。

いじめで失われる被害者の命。

命を失った子の関係者の悲しみ・怒り。

非難にさらされる加害者とその関係者。

加害者の保護者が職を失い、住居を追われるという報告もある。

「わが子がいじめをした」ことを苦慮し、自殺してしまった父親もいる。

学校には生徒の生命・身体・精神等に対する安全配慮義務がある。いじめが発覚しても、何も手をうたなければ、教師や国、都道府県・市町村は法的措置をとられることさえある。

「いじめを把握できたはずである」と、安全配慮義務違反を認めた判例も出ている。

教師や学校がいじめに対応できないということは、即ち犯罪ということなのである。

いじめ発見システム

いじめは、いつでも、どこでも、誰にでも起こる可能性がある。

しかし、深刻な問題に発展してから対応を悩んでいたのでは手遅れである。

いじめが起きてもすばやく対応し、解決していく仕組みが必要である。

いじめには、学校のシステムとして対応していかなければならない。「いじめ」には、次の二つのシステムが必要である。

一　いじめ発見システム
二　いじめ対処システム

いじめは、水面下で進行する。

表面化したときには、深刻化している。

その前に発見しなければならない。

それが、ＴＯＳＳが提案する「いじめ発見システム」である。発見システムには、医療の診断法になぞらえ「触診」「問診」「精密検査」の三段階がある。

「机を離す」「発表をひやかす」など、学級の様子から教師が判断する触診。

アンケートを通していじめの有無を判断する問診。例えば「一人ぼっちの子調査」といった特定の観点に沿った具体的調査を実施する精密検査。このようなシステムが機能してこそいじめを発見できる。

いじめ対処システム

いじめを発見したら、対処しなければならない。そのシステムが学校に必要である。

1　解決までの危機管理
2　深刻化する前の教室での危機管理
3　いじめの事実記録
4　本人、保護者を安心させる危機管理

それぞれの場面で、誰が、どのように、いつまでに動くのかというマニュアルを完備しておかなければならない。

このような危機管理マニュアルがそれぞれの学校に明文化され、機能することが、いじめから命を守り、いじめに関わる人の人生を守ることにつながる。

これらのマニュアルが使われないよう、いじめの芽を小さなうちから摘み取っていくことこそ大切なのだが、もしものときの危機管理システムは絶対必要である。

理不尽な行為に気持ち悪さを感じる

弱いものいじめをしない

集団生活で、子どもに教えるべき規範は、これに尽きる。「規範」とは、行動や判断の基準・手本である。規範は、身体化しなければ機能しない。身体化とは、脳に回路ができることである。脳の回路は、一度や二度見聞きしただけではできない。

さまざまな場面で繰り返し巻き返し教えられ、やらされてようやくできる。

人間は、脳にできた回路を元に判断・行動を決定する。

それは考えるというレベルではない。

感じるというレベルである。

例えば、すでに述べたが「はきものをそろえる」という規範がある。

私は、幼少期、母親から、繰り返し巻き返し教えられてきた。

外出から家に帰った時、玄関で言われた。

「玄関は、家の顔なのよ。お客さんは、玄関を見て、どんな家かわかるのよ」

そして、自分の脱いだはきものをそろえさせられた。その時に、そろえ方も教えてもらいその通りにやらされた。

これが毎日毎日繰り返される（幼児期のことをこれだけ明確に覚えているのだから相当させられたのだろう）。

やがて、自分からするようになった。この時点で方法記憶になっている（方法記憶とは、考えなくても体が自然に動いてしまうことである。例えば、服のボタンをとめるとか、自転車に乗るとか。習慣化ともいえる）。

習慣化し、自分でやっていると「すごいね、きちんと靴をそろえたね」とほめられる。

賞賛は、行動の最大の原動力である。

ほめられれば嬉しい。だから、またやる。

やってると、お客さんにほめられる。

また嬉しくなる。

これをくり返すうちに、そろってない靴に違和感を覚え始めた。

「はきものがそろってないと気持ち悪い」と感じるようになったのだ。

違和感は、よその家でも感じる。友達の家に遊びに行った時、自分のはきものをそろえる。ついでに友達のはきものもそろえる。

それを見た大人からまたほめられる。

自分は、これっぽっちもいいことをしたつもりはない。

「こんな当たり前のことをやってほめられるんだ」と思ってしまうがうれしい。

このように、「はきものをそろえる」という回路は強化され身体化した。

そうなっていないと気持ち悪い

状態にまでなるのが「規範意識」というのではないだろうか。

理屈で云々ではなく、目の前の状況に強い違和感を感じる。これが、規範が意識化した状態なのだと思っている。

「弱いものいじめをしない」という規範がある。

いじめをする子は、自分より立場が弱いものをいじめることに、違和感を感じないのであろう。自分のやってることへの気持ち悪さ、居心地の悪さを感じないのだろう。

例えば、次のようないじめ。

> **教室に入っても誰も雄二君に話しかけないし、見ようともしない。一日中それが続く。授業でグループごとの作業になると、雄二君と同じグループになった子達は「なんでこいつがいるんだよ」と言い、雄二君には何もやらせない。**
>
> **(『教室の悪魔』山脇由貴子、ポプラ社より)**

いじめには、必ずボスがいる。

ボスは、弱いものをいじめるのが楽しくてしかたない。自分の企てで困っている子を見てよろこんでいる。「弱いものいじめをしない」という規範が麻痺している。

小さいころに、親や周りの大人から「弱いものいじめをしてはいけない」ということを、教えられてこなかったのだろうと推測する。

周りの子もそうだ。ボスの企てで困り憔悴しきっている子を見て何もできない。また、「無視」といういじめに加担する。

「味方をすれば自分がやられる」という恐怖もあるだろう。それでもなお、このような不正が我慢できないという状態にはなっていない。

これも、教えてこられなかったのだろう。

私は、小学生の時にいじめにあっている。

「無視」である。

ある日、突然無視がはじまった。

心当たりは、全くなかった。

しかし、誰も口をきいてくれなくなった。登校から下校するまで、誰とも話をしない状態が一か月続いたのである。

口を開くのは、授業中の発表（指名されたとき）と給食のときだけである。

あとは、ずっと一人で過ごした。

下校も当然一人である。数十メートル先には、ボスが、一か月前までの私の友達と楽しそうにおしゃべりしながら帰っている。

下校時、私も口を開いた。学校から家までの歩数をぶつぶつ数えた。

それ以外に口を開く必然性がなかった。友達と話をしたかった。そのときの思いが今でも強く残っている。学級の子どもがこのような状態になっているのに、担任は、全く何もしてくれなかった。一か月も一人ぼっちにされているのだから、学級で異様な空気が流れていたはずである。

にもかかわらず、担任は全く何もしなかった。ボスの手口がよほど巧妙だったのだろう。担任は、気づいていなかったのだ。

だから、向山洋一氏の「いじめ発見システム」の重要性が実感を伴ってわかる。

担任は、その後、出世して校長になった。しかし、私は、担任を許せない。学級のたった一人の子の苦しみがわからない教師を私は認めない。

無視がはじまって一か月たったころ、以前の友達が打ち明けてくれた。

「ごめんね。ぼくもこんなことしたくない。でも、『やらないとこんどはおまえだぞ』って言われたから」

たったこれだけだったが、とてもうれしかった。久しぶりに友達と話ができることへの喜びがあふれた。

「なんで、おれ、無視されるの？」

その子に聞いた。

「おもしろいからって」

聞いた瞬間に怒りがこみ上げてきた。

すぐに、ボスのところに行き、殴りかかった。

ボスは、一瞬あっけにとられた。

もともと喧嘩がつよくてその位置にいたわけではなかった。

終始こちらが優勢であった。喧嘩が終わり、状況は一転した。さっきまでのクラスのボスは、最も弱い立場に転落した。

これも、小さいときに教えられたことだ。

「悪いことを許してはいけない」「立ち向かえ」と小さいときに刷り込まれてきた。

だから、このときも小さいとき教えられたことに後押しされての行動だった。いま思えば、手段に問題はあるが。

もちろん、そんなこと意識してない。

このように、

無意識に体が動く

状態こそ規範が意識化されたといえる。

善悪の判断を教えられる

またまた幼少期の話である。

テレビ番組で、兄弟で仲良くお菓子六個をわけあう場面があった。

「あんたならどうする？」

と母親に問いかけられた。

私は迷わず「弟に二こあげる」と答えた。自信があった。ほめられると思っていた。

しかし、母親は黙っていた。

少し考えて、「弟に四つあげる」と答えた。すると、ほめられた。そして、言われた。

「どうしたら相手がよろこぶかを考えなくちゃね」

このようなシュミレーションを小さいころやらされた記憶がある。

善悪の判断である。

また、「ものを粗末にすると目がつぶれる」「そんなことしたらバチがあたる」「人をいじめたら自分にかえってくる」など、科学的には実証しようないことで善悪の判断基準を教えられてきた。でも、それらの積み重ねが、現在の行動の支えになっている。

このような善悪の判断を小さいころから教え、刷り込まれることにより、規範は意識化する。

それを担当するのが家庭であり地域であった。

現在の社会にその機能はなくなった。

しかし、教えなければならない。

その役目を学校が担当する。

授業という形で子ども達に教え、受け継いでいかなければならない。

もちろん、教育の場では「確定された真実」を教えなくてはならない。「確定された」とは、「それぞれの学会で認められた」ということである。

「いじめ」は脳を傷つけていると、教えるための科学的資料

いじめが原因で心身の障害をきたすことがあるという。

医学的にこれが認められるなら、「いじめ」は、犯罪とみなされる可能性がある。

いじめが原因の脳の疾患

脳には、扁桃核という部位がある。

東北大名誉教授の松澤大樹氏は、膨大な数の生きている人間の脳を検査している。

その世界では、「イメージング脳科学の権威」と呼ばれている。

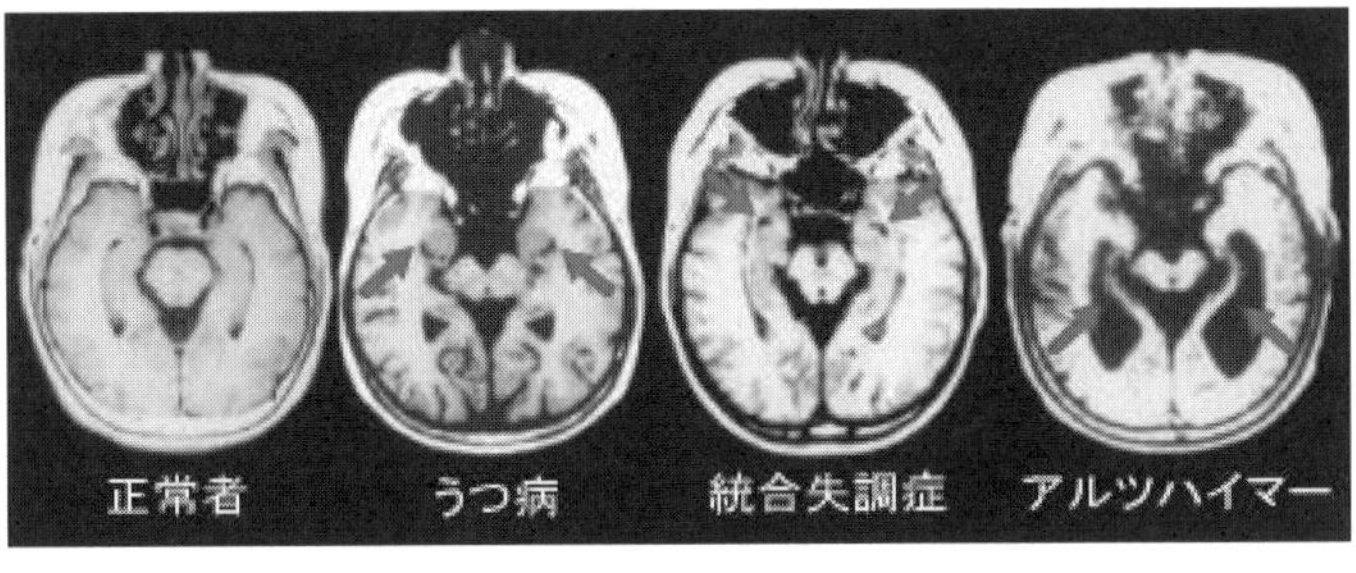

扁桃核は、いじめを受けると傷が生じることが、研究で明らかになった。

心が傷つけば脳にも傷がつく。

松澤氏は、研究の結果、「すべての精神疾患は脳内の『扁桃核』に生じる傷によって起きる」と結論づけている。

http://www.minamitohoku.or.jp/up/news/southerncross/200602/drmatuzawa.htm
傷というのは、比喩ではない。

本当に脳に「穴」ができるのだ。

松澤氏が開発した断層法という撮影方法によって、その傷がとらえられるという。

松澤氏は、

扁桃核に傷がつくと、精神疾患が起きる

としている。

うつ病や統合失調症と診断された患者を検査したところ、全員に扁桃核に傷が認められた。

さらに統合失調症より、うつ病の症状が優勢な場合には、**扁桃核の傷のほか、隣接する「海馬」の萎縮も現れる**としている。

そして、これらの患者の中には、深刻ないじめを受け続けた子が百人以上含まれていた。

ある少女は、容姿が原因で、中学・高校を通じて、いじめに遭った。心の不調は十五歳で発症し自殺未遂を何度も繰り返した。脳の断層撮影をすると、うつ病と統合失調症に特有の傷が、扁桃核にそれぞれ認められた。

扁桃核に傷がつく原因は、

脳内の神経伝達物質のドーパミンとセロトニンのバランスが崩れるせい

と松澤氏は述べている。

セロトニンとドーパミンは、ノルアドレナリンと並び、体内で特に重要な役割を果たす三大神経伝達物質といわれている。

それぞれの神経伝達物質は、脳に次の効果をもたらす。

セロトニン：安らぎ
ドーパミン：喜び、快感
ノルアドレナリン：恐れ、驚き

継続的に精神が不安定になる人は、セロトニンが減少し、ドーパミンが過剰になる。

そして、ドーパミン毒性が脳に傷をつけているのではないかと松澤氏は述べている。

好き嫌いを司る扁桃核

人は、多くのものを「好き」「嫌い」でカテゴライズする。

好き・嫌いを決めるのは、扁桃核である。

『脳の探求』（スーザン・グリーンフィールド著、無名舎）によると、その仕組みは、次のようになっている。

①扁桃核には視覚、聴覚、嗅覚、味覚などの情報が集まる。

②扁桃核は、それらの情報を視床下部に送る。
③視床下部とつながっているA・10という神経からドーパミンが出始める。
④この時の快感が「好き」という感情を生む。
⑤扁桃核の細胞に「好き」という感情が記憶される。

扁桃核には、「嫌い」に反応する細胞もある。

「嫌い」という感情も記憶されるのである。


猿はスイカが大好物である。

猿の扁桃核にはスイカに反応する細胞が存在する（スイカ細胞と呼ばれている）。

この細胞は、スイカを見るだけで活発に反応する。ところが塩をかけたスイカを与えると、一～二回口にしたあと全く見向きもしなくなる。

扁桃核のスイカ細胞は、スイカに反応しなくなっている。

つまり、スイカに対する感情が「好き」から「嫌い」に上書きされたのである。

ヒトの扁桃核にも「好き」「嫌い」を記憶する細胞がある。

好きな食べ物や嫌いな食べ物、笑顔などの表情、特定の嫌いな人の顔・姿・声や特定の好きな人の顔・姿・声に反応する細胞がある。

例えば、多くの子どもは、病院が嫌いである。

これは、扁桃核の視点から説明できる。

子どもは誰でも最初からお医者さんが嫌いなわけではない。

ところが痛い予防注射を受けると、かなりの子どもがお医者さん嫌いになる。

扁桃核は、お医者さんを見たときに味わった「痛い」という情報を受け取り、「嫌いな人」と記録してしまう。

次回からは、お医者さんを見ただけで恐怖を感じるようになる。

病院で泣き叫ぶ子ども達は、考えてそうしているわけではない。

扁桃核の記録を瞬時に照合して「嫌い」と反応しているのである。

お医者さん嫌いは生後三か月から始まる三種混合の予防接種で始まる。三種混合の予防接種は特に痛いので、一回でお医者さん嫌いが成立する子どももいるし、二回目以降に生じる子どももいる。

注射器を見せないようにして行ってもお医者さん嫌いを生じる。

もっとも、注射器を見せても、注射したり、その後もんだりするときに母親だけを見せるようにすると、意外とお医者さん嫌いは生じないという事例もある。

お医者さん嫌いは一生続く強烈な記憶となる。お医者さん嫌いは、扁桃核が司る動物的な恐怖の条件反射であると松澤氏は述べている。

不登校は、扁桃核が促している

お医者さん嫌いを学校にあてはめて考えてみる。

学校で怖い体験をした子どもは、扁桃核に「学校は嫌い」という記録をしてしまう。

脳は、嫌いなものは、回避する行動に出る。つまり、脳は、「学校に行かない」という選択をする。

しかし、多くの子どもは、親からの圧力で、学校に行かないという回避行動はとりにくい。

その姿が学校への行き渋りである。

行き渋りは、回避できない学校という恐怖に必死で抵抗しているのである。

脳は、回避できない嫌悪刺激と闘っているのである。

しかし多くは、回避できず、恐怖をいろいろな形で表現しているのである。

恐怖が強くなればいろいろな精神症状が出るようになってくる。

ここで、扁桃核のセロトニン・ドーパミンの分泌バランスが崩れ始める。

そして、ドーパミンの毒性が、扁桃核そのものを攻撃し始める。

扁桃核は、耐えきれず傷が生じる。

その結果、学校へ行けなくなる。

こうなると、親がどのようにしても学校は断固拒否するようになる。

そう、不登校である。

いじめは脳を傷つけている

幼少期に受ける極度のストレスは、扁桃核に傷をつける。

扁桃核が損傷すると、これらの細胞が働かなくなり好き嫌いがなくなる。そして、情動を伴う視覚的な識別能力に障害が出る。


例えば、目の前にあるものが食べ物かそうでないかの区別がつかなくなったり、普段なら恐れる敵にも平気で近づき、攻撃されてけがをする、といったようなことなどが起こりはじめる。

それが原因で、感情のコントロールがうまくできず、成人になってからもパニック障害などを発症させると考えられる。

扁桃核に傷がつくと「愛が憎しみに変わる。さらに記憶認識系、意志行動系などおよそ心身のあらゆることに影響を与える」。

技術開発と研究の進化のおかげで、それまでブラックボックスだった生きている人間の脳の内部が徐々に明らかになってきた。

そして、目には見えないと思われてきた、いじめによる「心の傷」までも確認できるようになってきた。

いじめは、脳を壊す。
だから、いじめは犯罪行為。
いじめは、傷害罪である。

長期のいじめは扁桃核の働きに異常を与える。

扁桃核の働きの異常によって、社会生活に大きな障害がおこる。

医学から見ても、「いじめ」は犯罪である。

もっとも、扁桃核の傷は、病気の症状が治まると消えるそうだ。

松澤氏によると、治癒する時に、海馬の神経幹細胞が増生し、傷を埋めたり、修復したりするそうだ。

扁桃核の傷は、「**ほとんどすべての場合、適切な治療によって治癒することがわかってきている**」という。

いじめによる扁桃核の傷は、治すことができる。

それだけが、かすかな救いである。

医学から見た「いじめ」の深刻さを子ども達に教えていかなければならない。

道徳授業というフィールドで。

ＴＯＳＳランドで道徳の授業を追試しよう

今日の授業にすぐ使える

世界一の教育情報ポータルサイト、ＴＯＳＳランド http://www.tos-land.net/ には、道徳授業に役立つヒント、また授業そのものがたくさん掲載されている。

日常の道徳授業はもとより、参観日や研究授業などの特別な日の授業、いじめ・非行など特殊事例対応の授業もたくさんある。

心のノートと結びつけた授業もすぐに見つけることができる。

全ての授業には、ＴＯＳＳランドナンバーがついている。ナンバー入力するだけで、目的の授業に瞬時にアクセスできる。

ＴＯＳＳランドには、多くのＴＯＳＳ道徳授業とともに、ＷＥＢワークが収録されている。

ＷＥＢワークとは、プロジェクターに投影されるパソコン画面にそって進めることのできる授業コンテンツである。教室にパソコン・プロジェクター・インターネット環境があれば、ＴＯＳＳランドを直接見せて授業を進めることができる。

ＷＥＢワークの授業は、わざわざ準備する教材は全く必要ない。パソコン画面を子ども達に見せればいい。ＴＯＳＳランドには、一人ではとうてい準備できない授業、思いつかない授業、子どもの心をわしづかみにする授業がたくさん掲載されている。そして、今もなお刻々と授業サイトは増殖している。

授業づくりのノウハウ

道徳の授業にもパーツがある。これまでＴＯＳＳが実践してきた授業の中から選りすぐりのパーツを紹介しよう。

・授業の開始
・発問パターン
・感想の書かせ方
・発表のさせどころ
・授業の収束

研究授業に向けた教材研究、授業そのものの組み立て方等々も多数アップしてある。

また、道徳教育研究指定校の方々にも役立つ情報が満載である。

【ＴＯＳＳランドおススメサイト】

◆秋雪くん　奥清二郎　ＴＯＳＳランド NO.2770013
http://www.tos-land.net/teaching_plan/contents/563

◆いじめの授業　田代勝巳　ＴＯＳＳランド NO.1270088
http://www.tos-land.net/teaching_plan/contents/813

◆レーナ・マリアの生き方を学ぶ　佐々木基　ＴＯＳＳランド NO.9189787
http://www.tos-land.net/teaching_plan/contents/2847

◆大平光代さんの授業　染谷幸二　ＴＯＳＳランド NO.2210014
http://www.tos-land.net/teaching_plan/contents/1281

◆「足太いね」の授業　吉原尚寛　ＴＯＳＳランド NO.6664049

http://www.tos-land.net/teaching_plan/contents/3079

◆江戸しぐさ　桑原佑樹　ＴＯＳＳランド NO.9294392

http://www.tos-land.net/teaching_plan/contents/875

◆ネット利用の著作権について　戸村隆之　ＴＯＳＳランド NO.2210381

http://www.tos-land.net/teaching_plan/contents/20

◆エルトゥールル号事件　小林義典　ＴＯＳＳランド NO.2210296

http://www.tos-land.net/teaching_plan/contents/1730

◆職業を考える「ニート・フリーターの授業」坂本佳朗　ＴＯＳＳランド NO.9409471

http://www.tos-land.net/teaching_plan/contents/3129

◆わたしのいもうと　でいじめ防止　村上睦　ＴＯＳＳランド NO.3178419

http://www.tos-land.net/teaching_plan/contents/9497

あとがき

本書で触れなかった重要なテーマがある。
教科書についてである。
道徳が教科になれば、当然教科書が必要となってくる。
下村博文文部科学大臣は、教科書について、次のビジョンを表明している。

まず「心のノート」を全面改定し、それを来年4月からすべての小中学校で教材として使えるように準備を始めている。今の「心のノート」も学習指導要領にのっとって作られているが、本人が感想を書く記述式のものだから教材としては十分ではないと考える。

記述式の今の「心のノート」とは違い、どの項目でもいいのだが、物語的なものを使うことによって理解を深めるヒントを与えていくことを考えている。偉人の伝記を入れてもいいと思う。特定の価値を押しつける偉人だけを並べるということではなく、学習指導要領のコンセプトに合った偉人の子供の頃のエピソードなどを入れながら学んでいけるようにしたい。その教材を家に持って帰って、親子で一緒に学べる環境を作っていくことを考えている。

とりあえず来年は「心のノート」の全面改定版を教材として作るが、それ以降はそれを基本に民間会社が参入して教科書を作ってもらうことも考えている。あるべき教科書の形というのは今後、有識者の懇談会である「道徳教育の充実に関する懇談会」で議論してもらう予定だ。

（毎日新聞２０１３年４月22日　東京朝刊）

教科化への踏み台として現行「心のノート」全面改定版を来年度から活用するとのこと。

改訂版「心のノート」の特徴は、エピソードが中心となる。

来年度以降は、民間会社が参入してくることになる。

現時点での見通しは、以上である。

教科となる道徳の教科書は、現在の道徳副読本と差別化しなければならない。

現行の道徳副読本と同じようなものを使っていくのでは、現在の道徳の時間と何も変わらないからである。

つまり、子どもは、何も変わらないということである。

道徳の教科書には、偉人のエピソードが入ることになる。

現行道徳副読本にも偉人のエピソードは、たくさん収録されている。

このままいけば、おそらく何も変わらない。

「副読本」という看板が「教科書」に差し替えられただけの読み物資料となるだろう。

副読本には、資料の最後に「てびき」という名の問いがついている。

主に二つ。

一つは、資料の登場人物の気持ちを考えさせる問い。

もう一つは、資料と似た経験を想起させる問い。

この二つは、道徳の時間が特設されてから五十年以上続けられてきた。

文部省指定研究校も、文科省指定研究校もずっとこの二つの問いを核に研究が進められてきた。

しかし、子ども達の規範意識は高まらなかった。

二つの問いは、無力だったのだ。

道徳の教科書は（来年度からの「心のノート」も）、この二つの問いから脱却しなければならない。

そして、副読本とは全く違った形の教科書をつくらなければ、教科にする意味はない。

では、どのような教科書がいいのだろうか。

現行の副読本は、素材だけである。

素材は、授業者の解釈で加工され進められることになる。

授業の効果が教師の授業力に影響される部分が大きいということだ。

道徳副読本は、国語の教科書に似ている。

もしも、道徳教科書が副読本のスタイルを継承するのならば、効果は薄い。

本当に効果のある道徳教育を進めるためには、教科書を根本的に変えていかなければならない。

道徳教科書は、算数教科書をトレースすべきだ。

算数教科書は、次のような組み立てとなっている。

1　例題
2　類題
3　練習問題

道徳で言えば、
1　偉人のエピソード（例題）
2　エピソードと日常の場面（類題）
3　エピソードとダブる問題場面（練習問題）

気持ちを考えさせるのではない。

「行動」を考えさせるのだ。

家庭科の教科書もお手本となる。

１　家庭科実習の意義
２　実習の基本
３　発展（基本を基に自習をしてみましょう）

他教科の教科書の組み立ても参考になる部分があるはずだ。


実は、日本に、道徳の教科書はあった。

「幼学綱要」である。

幼学綱要とは、明治天皇が儒学者元田《もとだ》永孚《ながざね》に命じて作らせ、宮内省より頒布された修身の本である。

幼学綱要には、二十の徳目が掲げられている。それぞれ大意が説かれ四書五経や『孝経』などから語句を引用しつつ、日本・中国の歴史事例二百九十九話と図画六十二枚（松本楓湖画）で解説をされている。

大意、重要語句、歴史事例という組み立ては、現代の教科教科書に通じている。


教科書は、教科化にとって最重要課題である。

現在の教科教科書の意図と組み立てだけでなく、古今東西の歴史からも学び、道徳教科書作成の方途を探っていかなければならない。

早急に、道徳教科書の方向について、研究し検討して提案していきたい。

２０１３年６月18日

河田孝文

参考文献

『クラッシュ　絶望を希望に変える瞬間』太田哲也　幻冬舎
『知の編集術』松岡正剛　講談社現代新書
『46年目の光――視力を取り戻した男の奇跡の人生』ロバート・カーソン、池村千秋　エヌティティ出版
『家族のあたたかい絆　作文32選』向山洋一、水野茂一、野口芳宏　明治図書
『死に絶える動物たち』藤原英司　ＪＩＣＣ出版局
『子育ての語るもの　ビッグハグ』浅井三和子、西村一郎　実教出版
『生きています、15歳』井上美由紀　ポプラ社
『今日の風、なに色？――全盲で生まれたわが子が「天才少年ピアニスト」と呼ばれるまで』辻井いつ子　アスコム
『ありがとう、貴嗣――わが子がくれた12年間の幸せ』岡田節子　幻冬舎
『6年生の道徳』文溪堂
『秀さんへ。――息子・松井秀喜への一七八通の手紙』松井昌雄　文藝春秋
『気くばりのすすめ』鈴木健二　講談社

◎監修者紹介

向山 洋一（むこうやま よういち）

東京生まれ。68年東京学芸大学卒業後、東京都大田区立小学校の教師となり、2000年3月に退職。全国の優れた教育技術を集め、教師の共有財産にする「教育技術法則化運動」TOSS（トス：Teacher's Organization of Skill Sharingの略）を始め、現在もその代表を務め、日本の教育界に多大な影響を与えている。日本教育技術学会会長。

◎著者紹介

河田 孝文（かわた たかふみ）

1964年山口県生まれ。大学卒業後小学校教師となり、教育技術法則化運動（代表：向山洋一）に出会い参加。法則化運動解散後は、TOSS（代表：向山洋一）に続けて参加。TOSS道徳教育研究会事務局担当。道徳教育に限らず、全国の教育セミナーで授業づくりを中心とした講座を務める。TOSS道徳「心の教育」シリーズ（明治図書）、子どもに教えたい大切なルール（PHP研究所）、本筋の心の教育（明治図書）他、単著、編著多数。

子《こ》どもの心《こころ》をわしづかみにする「教科《きょうか》としての道徳授業《どうとくじゅぎょう》」の創《つく》り方《かた》

2013年8月1日　初版発行
2015年1月10日　第2版発行
2017年4月11日　第3版発行

監修者　向山洋一
著　者　河田孝文
発行者　小島直人

発行所　株式会社 学芸みらい社
〒162-0833 東京都新宿区箪笥町31 箪笥町SKビル
電話番号 03-5227-1266
http://www.gakugeimirai.jp/
E-mail : info@gakugeimirai.jp

印刷所・製本所　藤原印刷株式会社
ブックデザイン　荒木香樹

ISBN978-4-905374-25-1 C3037